AF493997

8°Z
15942
7

N° 7. Collection Arthur Savaète à 2 francs

[Pol]itique et Littérature, Arts, Sciences, Histoire, Philosophie et Religion

Les

Espagnols d'autrefois

Récits historiques

PAR

Dom J. RABORY

PARIS
ARTHUR SAVAÈTE, ÉDITEUR
76, rue des Saints-Pères, 76

Principaux ouvrages de Mgr FÈVRE

Du gouvernement temporel de la Providence, 2 vol. in-12 6 fr.
Du mystère de la souffrance comme mystère de la vie, 1 vol. in-12 . . . . . 3 fr.
La République et les Bourbons, 1 vol in-12. . . . . . 3 fr.
Henri V, l'Église et la Révolution. 1 vol. in-12 . . . . . 3 fr.
La Séparation de l'Église et de l'État, 1 vol. in 8 . . . 2 fr.
La restauration du droit canonique, 1 vol. in-8 . . . . . 2 fr.
De la propriété des biens ecclésiastiques, 1 vol. in 8. . 2 fr.
La résistance à la persécution, 1 vol. in-8 . . . . 2 fr.
La défense de l'Eglise en France, 1 vol. in-8 . . . . . 2 fr.
Le devoir de chrétien pendant la persécution, 1 vol. in-8 2 fr.
L'abomination dans le lieu saint, 1 vol. in-12 . . . . . 3 fr.
La Désolation dans le sanctuaire, 1 vol. in-12 . . . . . 3 fr.
Histoire de S. Camille de Lellis, 1 vol. in-8 . . . . . 8 fr.
Histoire du cardinal Gousset, 1 vol. in-8 . . . . 6 fr.
Histoire du catholicisme libéral, 1 vol. in-8 . . . . . 5 fr.
Histoire universelle de l'Eglise catholique, 16 vol. in-4 . 150 fr.
Histoire générale de l'Eglise depuis Luther, 10 vol. in-8 50 fr.
Œuvres complètes du cardinal Bellarmin, 12 vol. in-4 . 200 fr.

SOUS PRESSE

Histoire du Pape Léon XIII, 1 vol. in-8, complément de DARRAY.

SAINT-AMAND, CHER. — IMPRIMERIE SCIENTIFIQUE ET LITTÉRAIRE BUSSIÈRE

Les Espagnols d'autrefois

Récits historiques

RF

8° Z
15942 (7)

8° Z
15942 (7)

N° 7 Collection Arthur Savaète a 2 francs

Politique et Littérature, Arts, Sciences, Histoire, Philosophie et Religion

Les Espagnols d'autrefois

Récits historiques

PAR

Dom J. RABORY

BIBLIOTHÈQUE ... BF

PARIS

ARTHUR SAVAÈTE, ÉDITEUR

76, rue des Saints-Pères, 76

BUT DE CE LIVRE

Ce n'est pas une histoire d'Espagne que nous voulons offrir au lecteur. Notre but est seulement de faire connaître les éléments qui ont servi à constituer le grand peuple espagnol dont les uns diseni tant de bien, les autres tant de mal.

Un peuple, comme un individu, a ses qualités et ses défauts. Pour bien connaître un homme, il faut souvent moins l'étudier lui-même que savoir les traditions de sa famille, le milieu dans lequel il est apparu, les idées qui lui ont été transmises, le sang qui coule dans ses veines. Il en est de même pour un peuple. Lui aussi a reçu de son origine des idées traditionnelles, il s'est formé dans un milieu tout spécial qui a pris du climat, des conditions de sa croissance son originalité, il a reçu comme l'individu un sang, une vie propre. Le besoin qu'éprouvent certains caractères de tout unifier les expose à de graves méprises, s'ils veulent soumettre à des jugements uniformes et préconçus tous les peuples.

Nous, Français, surtout, nous devons nous tenir en garde contre cette manière de juger. Nous sommes portés à *émettre des jugements excessifs en bien ou en mal sur les autres peuples. Il est rare que nous ne dépassions pas le but dans l'éloge ou dans le mépris. Nous nous laissons enthousiasmer par des qualités réelles, mais auxquelles nous ne savons pas joindre le correctif.*

Or, pour juger un peuple, il faut bien le connaître, non par des appréciations superficielles, mais par l'étude de ses origines, de ses mœurs, de ses traditions, de sa vie propre, de son ossature, pour ainsi dire. C'est ce que nous avons essayé, ne prenant des évènements que ce qui nous paraissait strictement nécessaire pour atteindre ce but. Nous avons voulu montrer ce qu'était déjà le peuple espagnol avant la conquête par les Romains, et ce qu'il est devenu depuis.

La rapide diffusion du christianisme en Espagne a imprimé de bonne heure à la nation espagnole une vitalité puissante qui lui a permis, même après la défaite, de résister à l'occupation arienne et à l'occupation mahométane. Aussi avons-nous tenu à montrer ce que furent, sous la persécution païenne, les héros chrétiens. Nous les retrouvons tels au temps de saint Herménégilde et au IXe *siècle.*

Il importait aussi de faire connaître les apports particuliers de chacun des peuples qui avait envahi l'Espagne et ce qui en avait survécu. La civilisation romaine avait laissé une trace plus profonde dans la Bétique et il n'était pas juste de laisser les Arabes en possession de la réputation usurpée de lui avoir donné, avec le nom nouveau d'Andalousie, ce qu'elle possédait longtemps avant eux. Ailleurs, dans le Nord surtout, les anciens occupants avaient conservé une physionomie distincte, et malgré la confusion et le mélange produits par l'invasion arabe, chaque peuple, basque, cantabre, suève, celtibère, avait laissé une trace ineffaçable.

Enfin la résistance contre les Maures se concentrant sur certains points donna naissance à chacune de ces Espagnes particulières qui, réunies ensemble, forma la puissante unité qui conserva le nom de royaume des Espagnes. Si nous n'avons pas suivi, dans les détails, ce travail de formation nouvelle, c'est qu'un sommaire des événements suffisait à notre but et que nous laissions à des historiens particuliers ce récit.

Nous avons essayé d'élucider en passant des questions assez mal connues, par exemple, celle de la royauté de saint Erménégilde, celle du séjour de Gerbert en Espagne, celle des écoles arabes, etc. Souvent nos historiens français, à commencer par Grégoire de Tours, ont été mal informés et ont porté des jugements contradictoires sur les mêmes événements.

On n'a pas accordé jusqu'à ces derniers temps aux chroniqueurs espagnols l'attention qu'ils méritent ; il semble, parce qu'ils n'ont pas eu la prétention d'écrire des Histoires, qu'ils en sont moins dignes de foi. Au contraire, ils mériteraient de trouver un Dom Bouquet pour réunir leurs récits et en faire un ensemble comme celui des Historiens de France. *Sous une forme un peu étrange, l'Anonyme de Cordoue est un historien de premier ordre, dont les récits sont rarement en défaut. Pour les Arabes eux-mêmes, il est plus exact que les prétendus historiens de ce peuple. Toutes les chroniques postérieures n'ont pas, il est vrai, cette valeur ; mais si quelques-uns sont mieux informsé des choses de la France méridionale que des pays occupés par les musulmans, on ne peut en accuser leur bonne foi.*

Enfin nous avons cru devoir prêter attention à la formation de la langue castillane, qui, de toutes les langues latines, est celle qui a conservé le plus des éléments du latin. Un peu d'attention prêtée à certaines anomalies permettra de s'en convaincre.

Nous ne cachons pas notre admiration pour la grande nation espagnole, pour la noblesse de son caractère. Si nous nous sommes arrêtés au point où elle devient grande et prospère, où elle eut une grande influence sur les destinées du monde entier, elle n'en mérite pas moins dès lors toute notre admiration. Elle ne fit depuis que récolter ce qu'elle avait semé. Les peuples, comme les individus, sont souvent même plus admirables quand ils posent les bases de leur fortune que lorsqu'ils en jouissent. L'Espagne, dans sa lutte gigantesque contre les Maures, acquit une force, une énergie, qui lui permit plus tard de porter ses armes jusqu'aux extrémités du monde. Puisse-t-elle dans l'épreuve retremper cette force et la mettre de nouveau, sous une forme ou une autre, au service de la religion qu'elle a propagée à travers les mers et les contrées inconnues! Puisse-t-elle redevenir la grande nation chrétienne d'autrefois ! Le monde envahi par les intérêts matériels a besoin de ce contrepoids et de ces dévouements.

D. J. R.

LES ESPAGNOLS D'AUTREFOIS

Le géologue étudie les stratifications du globe terrestre pour reconstituer son histoire. L'historien aimerait à fouiller ainsi l'histoire des peuples ; mais moins heureux, plus il avance ses recherches dans les origines d'une nation, moins il peut avec certitude reconstituer les apports des races humaines qui ont foulé le sol d'un pays, retrouver celles qu'on appelle *autochtones*.

Fut-ce pour l'Espagne, comme pour la Gaule, les hommes de la pierre polie, bruns, petits, trapus, brachycéphales, sobres, nerveux, durs au travail, habitants des bois et des cavernes ? Il y a toute apparence qu'il en fut ainsi. « L'Ibérie, en raison de sa proximité du rivage de l'Afrique, écrit le Dr Delore, a été de bonne heure envahie par le Troglodyte [1]. » L'Espagne était sur son chemin pour pénétrer dans la Gaule, et à cause de la rigueur des saisons et des pluies du pleistocène, les premiers migrateurs s'y sont sans doute attardés. De là tant de traces qu'ils y ont laissées [2].

Dans les temps historiques, les Celtes et les Ibères sont aussi parvenus jusque-là [3], mais en suivant une voie opposée. Les Cantabres s'arrêtèrent dans les montagnes qui portent leur nom, au nord de l'Espagne. Les Basques, peuple énergique, dont les origines sont les plus obscures, fut celui de tous qui conserva le mieux sa langue, digne d'être mieux étudiée.

[1] *Notre ancêtre de l'âge de pierre* (*Et. Francisc.*, févr. 1902).

[2] D. Daniel de Cortazar. (*La Naturaleza*).

[3] *Nos Celtis genitos et ex Iberis, Nostra nomina duriora terræ.* (Martial, *Epigr.*, l. III, 55 et l. XII, 18).

S'il faut en croire une tradition singulière, des Egyptiens, suivant le nord de l'Afrique, seraient remontés le long de l'Océan jusque dans la Galice et y auraient fondé un royaume dont la capitale fut Brigantium. De là, une partie d'entre eux serait passée en Irlande et en Ecosse.

Les Phocéens, non ceux de Grèce, mais ceux d'Asie-Mineure, vinrent par mer, à l'époque de la fondation de Marseille (vers 600 ans avant J.-C.) et s'établirent sur les côtes à l'est [1], à Ampurias, Rosas, Almuñecar, Dianium, etc. Les Phéniciens vinrent de même et fondèrent des comptoirs ; mais il est très difficile de connaître les points de la côte qu'ils occupèrent [2]. Des émigrations juives vinrent aussi, à différentes reprises, peut-être dès le temps de Josué, où ils parcoururent le nord de l'Afrique, plus probablement au temps de la captivité de Babylone. On les trouve établis sur divers points, et ils sont restés longtemps dans le nord de l'Espagne et en Portugal.

[1] Hérodote, I, 163.

[2] Pour le commerce de Tyr et de la Phénicie avec l'Espagne, V. Quinte-Curce, *De rebus Alexandri*, c. XII ; Strabon, *Géograph.*, l. III ; Plutarque, *Vie de Scipion* ; Pomponius Mela, etc. Emerita avait une colonie grecque importante.

I

LA CONQUÊTE ROMAINE

Les Espagnols eurent à défendre leur indépendance contre les Carthaginois et les Romains, commandés par des hommes comme Amilcar, Scipion, Pompée et César.

Amilcar, venu par les côtes du nord de l'Espagne, en s'appuyant sur Barcelone, fondation des Phéniciens [1], s'avança vers l'intérieur de la Péninsule. Indortès, chef des Celtibères, se signala par son courage à défendre le passage de l'Ebre ; mais ses troupes furent écrasées par le nombre, et Amilcar lui fit crever les yeux (232 av. J.-C.). Quatre ans plus tard, le chef carthaginois fut tué dans une bataille qu'il livra aux Vectones, peuple de Lusitanie, établi entre le Minho et le Duero [2].

Les Romains accoururent disputer aux Carthaginois la possession de l'Espagne. Le roi des Inergètes, Indibilis, uni à Mandonius, autre prince espagnol, marcha contre les alliés des Romains, et fut vaincu par Cn. Scipion. Se sentant trop faibles, les deux vaincus se tournèrent vers les Carthaginois. Ils passèrent ainsi d'un parti à l'autre jusqu'au jour où ils furent vaincus par Scipion l'Africain qui

[1] On prétend sans raison qu'il fonda Barcelone et lui donna le nom de Barca.

[2] Un autre prince Celtibère, Allutius, se trouva plus tard aux prises avec Scipion l'Africain.

fut plus généreux qu'Amilcar. Une grande victoire remportée dans la Bétique lui assura la possession de ce pays après quatre ans de lutte. Mais les provinces du nord luttaient encore.

Successivement les Scipions apprirent en Espagne l'art de la guerre.

Lucius Cornélius Scipion, frère de P. Cornélius, prit part à son expédition d'Espagne [1].

Mais Publius Æmilianus, adopté par le fils de l'Africain, eut un rôle plus important. Il fut envoyé en Espagne comme tribun légionnaire. On raconte qu'un Espagnol d'une taille gigantesque, qui défiait les Romains, tomba sous ses coups et que ce fait d'armes accéléra la prise d'Intercatie. Scipion monta le premier à l'assaut et obtint à Rome, à son retour, une couronne murale.

Ce fut lui qui finit par s'emparer de Numance. Cette ville, après s'être défendue plusieurs années, avec une faible garnison, et avoir fait passer sous le joug un consul, ne céda qu'à la plus atroce famine. Ses habitants, n'ayant plus d'autres remparts à opposer aux Romains que leurs corps, et réduits à la dernière extrémité, allumèrent des bûchers ; beaucoup d'entre eux s'y jetèrent avec leurs femmes et leurs enfants. Pendant ce temps, un corps d'élite, composé de quelques centaines d'hommes, se jeta sur les Romains et périt jusqu'au dernier. Les Romains assiégeaient Numance depuis quatre ans avec 60.000 légionnaires.

Scipion, à son retour à Rome, obtint un consulat et le titre de Numantin.

Le grand chef espagnol fut celui que les Romains, peu généreux pour leurs ennemis, appelèrent le *brigand*. Viriates avait toutes les qualités d'un grand homme et d'un grand guerrier. Il n'était que simple soldat lorsque les Lusitaniens le choisirent pour leur chef contre les Romains.

Viriates battit successivement Vetilius, le préteur Plantius, et Claudius Unimanus, qu'il fit prisonniers. Le consul Quintus

[1] Un des Scipions, Cnéius Cornelius, fut consul en 578 (176 av. J.-C.), avec le titre d'*Italicus*, sans doute gagné en Espagne, à Italica.

Fabius Maximus vint se mesurer à son tour avec Viriates, mais il ne put remporter sur lui aucun avantage signalé [1]. Son successeur, Servilianus, défait à son tour, fut réduit à entamer des négociations avec le chef lusitanien. Viriates, par un traité, fut reconnu l'ami et l'allié du peuple romain (142).

Arsa, la capitale du royaume qu'il constitua, se trouvait sur les rives du fleuve Anas (la Guadiana); c'était tout le sud-ouest de la Péninsule qui restait indépendant; mais ce que n'avait pu la force contre Viriates, la perfidie romaine le fit. Rome était honteuse du traité qu'elle avait dû ratifier. Quintus Servilius Cœpio, consul, l'an 614 de Rome (140 av. J.-C.), qui gouvernait la partie de l'Espagne conquise, fit assassiner le roi Viriates. Celui-ci ne faisait pas garder l'entrée de sa tente et, au moment où il prenait son repas, il fut poignardé. Si la victoire n'était pas noble, elle fut fructueuse pour les Romains.

L'Espagne n'avait pas renoncé à son indépendance. L'épisode le plus significatif est celui de la révolte de Sertorius. Ce Romain rêveur, orateur, tribun, homme de guerre, avait ce qu'il fallait pour soulever les masses encore frémissantes du joug. Pénétrant en Lusitanie, il fit appel aux Romains las de la tyrannie de Sylla et aux Espagnols qui voulaient rester indépendants. Bientôt il domina sur l'Espagne presque tout entière. Il établit un sénat, des écoles publiques, pour n'avoir rien à demander à Rome.

Voulant frapper l'imagination du peuple qui lui était dévoué, Sertorius sut lui persuader qu'il avait des relations avec la divinité : une biche blanche qu'il avait élevée et qui le suivait partout, même dans les batailles, était son intermédiaire près des dieux.

Pompée eut beaucoup de peine à dompter cette révolte. Il fut forcé de lever le siège d'une ville de l'Espagne citérieure, après avoir perdu 10.000 hommes, et l'année suivante, il livra une bataille dont la victoire resta indécise. Métellus dut venir au secours de Pompée contre Sertorius qui avait fait appel à Mithridate. On se

[1] Cordoue joua un grand rôle dans cette guerre (v. Appien, *Ibér.* c. LXV et suivants).

demande si Sertorius n'aurait pas réussi à rendre l'indépendance à l'Espagne, lorsqu'un assassinat vint clore cette héroïque résistance.

César, dans sa lutte contre les partisans de Pompée, ne négligea point l'Espagne; il convoitait ses richesses et il déploya tout son génie pour s'en rendre maître.

Il y eut des heures critiques. César l'avoue : « Il y avait, écrit-il, entre la ville d'Ilerda (Lérida) et la colline voisine, où Petréius et Afranius avaient leur camp, une plaine d'environ 3000 pas ; et presque au milieu de cet espace, un monticule un peu dominant. César comprit que s'il pouvait l'occuper et le fortifier, il isolerait ses adversaires de la ville, du pont et de toutes les ressources qu'ils avaient transportées dans la ville. Dans cet espoir, il fit sortir trois légions, et les rangeant en bataille sur un terrain propice, il ordonna aux porte-étendards d'une légion de s'élancer pour occuper ce monticule. A cette vue, les cohortes, qui étaient devant le camp d'Afranius, se hâtèrent et partirent par un chemin plus court pour occuper ce point. Le combat s'engage; et ceux d'Afranius arrivés les premiers au monticule, repoussent les nôtres, et recevant d'autres renforts, les forcent à tourner le dos et à se réfugier vers les légions.

« La manière de combattre de ces soldats, c'était de courir en avant avec impétuosité, d'occuper le point avec audace, mais sans souci de garder leurs rangs; ils se battaient isolés et dispersés; si on les pressait, ils ne regardaient pas comme une honte de reculer et de céder du terrain. Comme les Lusitaniens et les autres barbares, ils avaient leur manière de se battre. C'est ce qui arrive, dans les lieux où un soldat demeure longtemps; il finit par prendre les usages de ces pays... Les porte-étendards ayant fui, la légion qui s'était arrêtée pour les appuyer ne put résister, et recula jusqu'à la colline qui était en arrière [1] ».

[1] César, *De bello civili*, l. 1, 43, 44. Petréius avait amené des cavaliers de Lusitanie; Afranius, des recrues de la Celtibérie, de la Cantabrie et de toutes les côtes de l'Océan.

Tel est le récit de César. Il réussit cependant peu après à s'emparer du monticule et à le fortifier. Mais sa situation n'en devint guère meilleure. Quoiqu'on fut au printemps, des neiges tombèrent, le pont fut emporté, et l'armée de César campée entre la Sègre et la Cinca se trouva bientôt en danger de mourir de faim. Tous les blés des environs avaient été renfermés à Ilerda et les troupeaux emmenés au loin. Ce qui en restait était pourchassé par les Lusitaniens armés à la légère, et par les soldats espagnols, habiles à cette poursuite, remarque César.

En vain, il essaya de passer la Sègre ; les ennemis veillaient sur l'autre rive. César remarque encore que les soldats espagnols emportent toujours des outres pour passer les fleuves. L'armée de César allait périr quand six mille Gaulois, avec des archers du pays de Rodez, arrivèrent à son secours, lui permirent de se dégager un peu et lui apportèrent des vivres.

César fut secouru peu après par les habitants d'Osca (Huesca), ceux de Calagurris (Calahorra) ; puis par ceux de Tarragone, de Jaca, de Ainsa (*Ausetani*) et de Ilurgavo, qui le ravitaillèrent [1].

Il serait intéressant de suivre César dans toute cette campagne, où le grand capitaine, comme plus tard Napoléon, trouva des courages si indomptables en face de ses légions aguerries.

Les succès furent plus faciles pour César dans l'Espagne ultérieure (l'Andalousie). Varron, qui commandait dans ce pays pour Pompée, voyait l'étoile de son chef pâlir. Il fit pourtant des préparatifs à Gadès, y mit en construction dix bateaux longs, plusieurs autres à Hispalis, rassembla des vivres et de l'argent. La province était déjà toute romaine : « Tout cela, écrit César, effraya les citoyens romains de la province, qui furent contraints de promettre une forte contribution, surtout dans les villes qui paraissaient pencher pour le parti de César. »

César envoya deux légions dans cette province avec de la cavalerie, sous les ordres de Q. Cassius. Puis il lança un édit pour convoquer à Cordoue des sénateurs chargés de représenter chaque ville.

[1] *De bello civili*, l. 1, 4[illegible]-60.

César arriva à Cordoue au jour fixé et en fit fermer les portes à Varron. Deux cohortes de la colonie s'y trouvaient ; il les retint ; trois autres furent contraintes de sortir de Carmona « qui est de beaucoup la ville la plus forte de toute la province ».

Varron se hâtait de regagner Gadès avec ses légions ; mais les habitants contraignirent son lieutenant Gallonius de sortir et se mirent en défense. Une de ses légions, la *Vernacula*, se réfugia à Hispalis et fit cause commune avec les habitants. Varron découragé se rendit à Cordoue et livra à César la province avec toutes ses richesses [1]. Tel est le récit de ce dernier. Mais on sait que César avait pour lui toutes les ressources ; il n'était pas moins fourbe et cruel que grand homme de guerre et organisateur de génie. Il réussit.

L'Espagne fut colonisée à la méthode romaine et, grâce à ce système, livra ses richesses, acquit en retour une prodigieuse fertilité, et compta bientôt 40 millions d'habitants [2].

César se plaignit que l'Espagne eut été jusqu'à lui donnée à gouverner à de simples particuliers, et non à des préteurs ou à des consuls [3]. Il y mit bon ordre : la Tarraconaise ou Espagne citérieure, fut confiée à un consulaire et la Lusitanie, à un préteur. La Bétique devint province sénatoriale, et plus tard la Tarraconaise et la Lusitanie, provinces impériales [4].

Les colonies fondées du vivant de César furent nommées *Julia paterna* ; celles d'Auguste, *colonia augusta*. On sait que ces colonies se formaient par des *déductions*, soit de citoyens romains, soit de vétérans. C'étaient les cités privilégiées, jouissant du *jus optimum*. Au dessous venaient les *civitates immunes*, qui avaient encore diffé-

[1] César, *De bello civili*, l. II, 17-21. Cordoue avait eu beaucoup à souffrir dans cette guerre : *Cum geminis oppressa malis utrinque peribas, et tibi Pompeius, Cæsar et hostis erat.* (Senèque, t. I, p. 263. Ed. Hasæ).

[2] Sur la rapidité avec laquelle l'Espagne devint romaine, v. Mommsen, *Römische Geschichte*, t. V, p. 68-70.

[3] César, *De bello civili*, I, 85.

[4] D'après Mommsen l'organisation se fit en 557, trente ans après la Sicile, et vingt ans après la Sardaigne.

rents privilèges, puis les *civitates stipendiariæ*, soumises à l'impôt. Au bas de l'échelle sociale, les vaincus ne comptaient que pour enrichir le vainqueur.

Dans les *colonies* mêmes, selon l'observation de M. Mispoulet, les colons avaient vis-à-vis des vaincus une position analogue à celle des patriciens vis-à-vis des plébéiens à Rome [1].

Ces colons, au reste, étaient souvent des patriciens, et des plus nobles familles de Rome.

On retrouve des inscriptions de la tribu *Aniensis* à Astorga, à Pamplune, à Carthagène, à Barcelone et à Tarragone.

De la tribu *Galeria*, à Barcelone, à Carthagène, à Castulo, *Cluniæ*, Cordoue, Denia, Evora, Cadix, Séville, Grenade, Leiria, *Obulco*, Xativa, Sagunto, *Salpensa*, Tarragone, *Urgavo*.

De la tribu *Papiria*. à Asti, Merida, etc.

De la tribu *Quirina*, à *Anticaria*, Braga, *Cæsarobriga*, chez les Cantabres, à Carthagène, *Cartima*, Séville, Cordoue, Malaga, Lisbonne, Tarragone, etc.

De la tribu *Sergia*, à Carthagène, Séville, Tarragone, *Tucci* près Grenade, etc.

De la tribu *Vellina*, à Tarragone et dans les îles Baléares.

Les autres tribus sont moins représentées, mais apparaissent encore chacune çà et là, par exemple, la tribu *Palatina*, à Barcelone et à Tarragone [2].

Aussi le nom de *sénateurs* désigna longtemps l'élément romain en Espagne.

A côté des colonies, les légions romaines restaient campées en Espagne. La IVe *Macedonica*, sous Tibère ; elle passa sous Vitellius en Germanie, et fut dissoute. La IXe *Hispana* passa en Afrique, puis en Angleterre et fut dissoute. La VIe *Victrix* sortit d'Espagne sous

[1] Mispoulet, *Les Institutions primitives des Romains*, t. I, p. 15.

[2] Hübner, *Inscript. Hisp.*, II *passim*. Valence fut une *deductio militaris* sa colonie fut fondée par Junius Brutus, Barcelone, après avoir été une des principales villes des Ibères, devint une *colonie immunis*. On croit que son surnom de *Pia* vint des marins de la flotte *Pia* qui formèrent la légion I *adjutrix pia fidelis*, sous Néron. De même Tarragone fut appelée *Victrix*.

Alexandre Sévère pour passer en Angleterre. La Ire *Adjutrix* passa sous Vitellius en Espagne, et rentra en Pannonie sous Alexandre Sévère. La Xe *Gemina* passa aussi en même temps en Pannonie. La VIIe *Gemina* vint au contraire alors de Pannonie en Espagne et resta longtemps la seule [1].

Ainsi on trouve sous Tibère trois légions campées en Espagne (la IVe, la VIe, la Xe) ; trois sous Vitellius (la VIe, la Ire *adj.*, la Xe) ; une sous Alexandre Sévère (la VIIe *Gem.*, puis la XIVe).

Elles étaient évidemment plus nombreuses au temps de la conquête, mais moins fixées. On n'a de document que pour la cohorte *Italica* qui, d'après Dion Cassius (liv. V, *Hist. rom.*) fut envoyée par Auguste en Judée et y resta jusqu'à Néron [2].

A rapprocher de ce fait que *Italica* avait une colonie de vétérans, fondée par Scipion (Appien, *Iber.* 38). C'est de là que sortirent Trajan, Adrien et probablement Théodose. Italica est l'ancienne Séville, sur la rive opposée du Bétis ; on y a trouvé les ruines d'un amphithéâtre, et longtemps le lieu s'appela *Campos de Talca*. On croit que ses premiers colons vinrent de la tribu *Sergia*.

Séville fut une des neuf colonies romaines de la Bétique. Elle avait nom *Colonia Julia Romula*, et était au moins au second rang dans cette province.

Je n'énumérerai pas les autres villes et les municipes du *Conventus hispalensis* [3]. A noter seulement que si les uns tirent leur nom de César, beaucoup d'autres ont celui des Flaviens *(municipium flavium)*.

Cadix est un municipe d'Auguste ; quelques autres de ce *conventus* sont des Flaviens.

[1] Cette légion occupait un camp permanent pour contenir les Cantabres. Ces *castra stativa* de la légion a donné son origine à la ville de Léon. Le reste de l'Espagne était complètement soumis.

[2] Cette citation de Dion Cassius est assez importante. Les historiens espagnols veulent que cette région ait été formée en Espagne. Le fait est que saint Jérôme, écrivant à l'espagnol Licinius, lui rappelle le souvenir de la foi chrétienne du centurion Cornélius (*Act. Ap.*, x.)

[3] Ce terme de *Conventus* serait traduit de nos jours par congrès ou parlement. C'était l'assemblée des principaux de province discutant les affaires avec le gouverneur. Plus tard les conventus disparurent.

Il en est à peu près de même de celui d'Asti.

On voit par là les progrès de la puissance romaine dans la province de Bétique, de César aux premiers empereurs ses successeurs.

Nous pourrions faire la même observation pour les autres provinces d'Espagne, mais il nous semble plus utile d'étudier le fonctionnement des institutions.

Les citoyens romains des colonies provinciales avaient, vis-à-vis ceux de Rome, des infériorités, au moins au début. Ils ne jouissaient pas du *Jus honorum*, c'est-à-dire de l'aptitude si enviée de briguer les magistratures. Il fallait que ce droit leur fut expressément concédé. Il le fut d'abord à la Gaule, puis à l'Espagne, enfin plus tard à la Grèce et aux colonies orientales [1].

Il y avait encore d'autres infériorités des colonies provinciales, pour la possession du sol, par exemple, qui restait en théorie l'*ager publicus*, pour l'exemption de l'impôt foncier, du service militaire, pour le droit de faire partie de certains corps d'élite, etc.

Le citoyen romain qui devenait membre d'un Etat indépendant (cité, municipe ou colonie) abdiquait par là même sa patrie et perdait ses droits. Quand les colons romains s'établissent sur le territoire d'une commune préexistante, ou bien ils forment une nouvelle commune distincte de l'ancienne, de sorte qu'on y trouve les *cives veteres* et les *cives novi*, ou bien ils entrent comme citoyens dans cette dernière [2].

En dehors des colonies subsistaient des cités libres et des cités fédérées. Rome leur avait accordé ces titres pour des services rendus; mais ces cités ne jouissaient pas d'une liberté pleine. Elles restaient placées, dans une certaine mesure, sous la dépendance de Rome qui avait bien trop de prévoyance pour concéder une liberté abusive.

[1] Mispoulet, t. II, p. 82, 160.

[2] C'est à se demander si de là ne vient pas, en Gaule et en Espagne, la conservation du nom de l'ancienne cité qui reste juxtaposée à la cité nouvelle. Momsen veut qu'il y eut une double colonie à Séville. Je crois plutôt que l'ancienne Hispalis de Strabon survécut sur l'autre rive du fleuve.

Les autres étaient *stipendiariæ*, c'est-à-dire, soumises à l'impôt provincial et placées sous l'autorité directe du gouverneur romain.

La loi qui organisait la province, fixait en même temps la constitution municipale de chaque cité.

Les cités romaines, latines et libres, avaient leurs magistrats, *juridicundo*, et il est difficile de dire dans quelle mesure, au début, le gouvernement venait limiter leur juridiction municipale.

Plus tard, un partage s'est opéré dans les villes soumises à l'impôt entre les magistrats municipaux et les gouverneurs ; ceux-ci ne gardaient plus pour eux que les affaires les plus importantes.

D'autres cités avaient une constitution dans lesquelles rien ne fait soupçonner que leur juridiction municipale fût limitée. Telles sont celles de Salpensa, de Malaga et celle d'Osuña, constituées par la loi *Genitiva*. Les constitutions de ces villes ont été retrouvées en 1851 et en 1853 et publiées [1]. Elles sont datées du règne de Domitien, et montrent de quelle entière liberté jouissaient les cités de droit latin. C'est en vertu d'une loi, et non d'un édit que furent organisées ces colonies. Or, la *lex data* s'applique à l'ensemble du droit municipal et suppose d'autres colonies établies dans de pareilles conditions.

Dans ces colonies, au moins aux deux premiers siècles, les comices se réunissaient pour les élections ; celles des magistrats, des prêtres et la désignation des patrons. Les comices se tenaient aussi pour décerner des statues ou pour ériger des monuments. Les autres affaires étaient déférées aux magistrats, aidés de la curie, *ordo decurionum*. Les prêtres d'Auguste, *ordo augustalium*, formaient la seconde classe. Au dessous venait le peuple, *plebei*, où dominèrent les *possessores*.

Ces droits étaient ceux des vainqueurs. Les vaincus n'en jouissaient pas, en dehors des cités libres ou fédérées. Protégés par la puissance qui les dominait, s'ils pouvaient échapper à l'esclavage, ils avaient au moins une vie exempte de charges militaires, mais ils

[1] M. Manuel Rodriguez de Berlanga les a publiées avec des commentaires de MM. Laboulaye et Géraud (1856), Momsen (1855). — Ces constitutions furent découvertes près de Malaga, gravées sur deux tables de bronze.

étaient à la discrétion des préteurs qui ne se faisaient pas faute de rançonner leurs provinces, en Espagne comme en Afrique et en Sicile. Cette vie dure qui les tenait à l'écart, avait au moins l'avantage d'entretenir leurs instincts nationaux, et il semble qu'en Espagne ils se soient maintenus plus parfaitement qu'ailleurs pour le jour de la liberté.

Pour en finir avec l'organisation romaine en Espagne, disons que ses provinces devinrent prétoriennes. A partir de Dioclétien (287) l'Espagne dépendit du préfet du prétoire des Gaules, par le moyen d'un *vicarius* du diocèse d'Espagne, chaque province conservant son gouverneur (*rector* ou *judex*). Vers 400, on trouve, sous le *vicarius*, un *consularis* pour la Bétique, la Lusitanie et la Gallice, et un *præsés* pour la Tarraconaise, la Carthaginensis, la Tingitane et les îles Baléares [1].

Pendant cette domination romaine, pendant que Rome et l'Italie s'épuisaient sous la capricieuse tyrannie des Césars, les abus du despotisme militaire étaient moins sensibles dans les provinces hispaniques. Là le véritable esprit romain, la langue et les mœurs latines se conservèrent beaucoup mieux qu'au centre même de l'Empire. La Bétique surtout, où se réfugièrent de vieilles familles romaines, atteignit bien vite une civilisation très avancée.

Le territoire de cette province était très fertile, car on peut étendre ce que disaient de Cordoue Strabon, Martial et Silius Italicus, une terre bonne et riche qui aime son Bétis placide, une terre qui porte l'or :

Qua dives placidum Corduba Bætin amat.
Nec decus auriferæ cessavit Corduba terræ [2].

La fusion entre les Romains et les Celtibères s'était faite, au point que nul dissentiment ne vint plus les séparer. Les Romains avaient adopté leur nouvelle patrie ; ils y avaient transporté leur civilisation, leur amour des belles-lettres, des beaux-arts. A Cordoue, à côté de la ville celtibère, s'élevait la ville romaine, fondation de Marcellus ;

[1] D'après la *Notitia dignitatum*.
[2] Strabon, *Géogr.* ; Martial, 9, 61, 2 ; Silius Ital. 3, 401.

à Italica, une fondation de Scipion. Ainsi partout ailleurs. Le tout relié par des voies romaines[1]. De grands écrivains, sortis des colonies, montrèrent la fécondité et l'intensité intellectuelle qu'ils avaient puisées dans leur nouvelle patrie.

Rome les attirait cependant et il y a quelque chose de vrai dans ce que saint Jérôme écrivait plus tard à Paulin qu'on venait à Rome des extrémités des Gaules et de l'Espagne, moins pour contempler la capitale du monde, que pour voir Tite-Live, *lacteo eloquentiæ fonte manentem*. Rome était un centre où on trouvait des maîtres de grammaire, d'éloquence, de poésie, venus de toutes les parties du monde.

Les Romains avaient soin de propager leur langue avec leurs conquêtes, et ils faisaient en sorte que dans les colonies, le plus grand nombre des indigènes accueillis à partager leur vie parlât latin. Ils firent ainsi de la Gaule et de l'Espagne deux pays vraiment latins[2].

Bien des noms de villes et des noms propres surtout chez les Cantabres, observe Pomponius Méla, semblaient durs aux oreilles romaines[3]. Du temps de Strabon, il n'y avait encore que les peuples de la Bétique à parler latin ; les autres peuples parlaient encore leur langue maternelle[4]. Les Romains en eurent raison peu à peu, mais la province arrosée par le Bétis fut toujours celle qui refléta le mieux la civilisation romaine. La capitale de la Bétique surtout, l'antique Corduba, fut la seconde patrie des lettres et des arts.

Au pied d'une âpre montagne qui porte aujourd'hui le nom de Sierra Morena, s'étendait dans une vaste plaine, au bord du fleuve, une ville très ancienne, Corduba, qui occupait le premier rang dans la Bétique[5]. Les Romains y avaient fondé la *Colonia Patricia* à

[1] Une voie venait de Gadès par Hispalis et Astigi ; une, par Anticaria, communiquait à Illiberis et Acci ; une, par Mellaria, à Emerita ; une double voie allait à Castulo et de là vers la Tarraconaise.

[2] Louis Vivès, *De civit. Dei*, XIX l., c. VII.

[3] Pomp. Mela, *Géogr.*, l. III, c. I, et l. XVI, c. III.

[4] Strabon, *Géogr.*, III : *Turdetani autem, maxime qui ad Betim sunt, plane Romanos mores assumpserunt, ne sermonis quidem vernaculi memores.*

[5] C'était une ancienne cité des Ibères. *Uba*, dans la langue des Ibères signifie rivière. De là, les noms des villes situées sur des cours d'eau, *Salduba* (Saragosse) ;

quatre kilomètres de l'endroit où se trouve la Cordova actuelle. M. Claudius Marcellus, chargé de gouverner l'Espagne, au début de la conquête, et jouissant de cette paix dont on trouve la preuve dans Tite-Live et dans Appien, en fit tracer le plan quadrangulaire avec, aux angles, quatre tours dont on voit encore les ruines. C'est dans la *Colonia Patricia* que les préteurs venaient passer l'hiver et tenaient les *conventus* de la province.

Métellus Pius, après sa victoire sur Sertorius, emmena de Cordoue tout un essaim de poètes, qui apportaient à Rome une langue plus riche et un accent quelque peu étranger, *pingue quiddam et peregrinum resonabant*. C'est Cicéron, bon juge en la matière, qui fait cette remarque[1]. Rome n'eut pas à cette époque de meilleurs poètes.

Du temps de J. César qui l'appelle la capitale de toute l'Espagne, Cordoue était devenue une ville considérable. « L'élite des Romains et des Espagnols indigènes, dit Strabon, s'y était fixé. » Les faveurs pleuvaient sur cette colonie, parce qu'elle avait pris le parti de César et qu'elle avait protégé et défendu les citoyens romains. Les monnaies de Cordoue portent en preuve une couronne civique

Parmi les hommes qui s'étaient fait un nom dès les premiers temps de la colonie, on ne peut oublier Porcius Latro, qui est connu par un discours contre Catilina et Sextilius Hena dont parle Sénèque.

Porcius Latro ouvrit à Rome la première école de Rhétorique, où étudièrent Octave, Mécène, Marc Agrippa, Ovide (Seneca, *Suasoriæ*, etc).

Il serait injuste d'attribuer à Rome seule cette fécondité intellectuelle. Préparés par la culture grecque qui avait pénétré profondément dans la Bétique, le génie souple des provinces méridionales de l'Espagne se prêta avec la plus grande facilité aux arts, aux mœurs, à la civilisation de l'Italie[2].

Onuba (Onoba); Calduba, etc. Un tumulus près de Cordoue confirme cette origine.

[1] Orat. pro Archia, 10, et act. II in Verrem, IV, 25.

[2] Les inscriptions et les monuments funéraires de Cordoue révèlent une foule de noms de sculpteurs, d'architectes, de grammairiens, d'artistes inconnus.

Une famille entière de grands hommes, celle des *Annæi*, sortit de Cordoue pour enrichir Rome.

Le premier, Marcus Annæus Seneca, fut un orateur[1]. Il épousa Helva, illustre dame espagnole, dont il eut trois fils.

Le premier et le plus célèbre de ses fils, Lucius Annæus Seneca, est celui qui est connu sous le nom de Sénèque le Philosophe. Outre les leçons de son père, il eut pour maîtres Hyginus, Gestius et Asinius Gallus, pour l'éloquence; Socion d'Alexandrie et Photin, un autre stoïcien, pour la philosophie.

Ses œuvres philosophiques sont assez connues. Dans les tragédies, que les uns lui attribuent, d'autres à son père, un passage de la *Médée* est comme une prophétie des destinées du peuple espagnol :

Venient annis sæcula seris,
Quibus oceanus vincula rerum
Laxet, et ingens pateat tellus,
Tiphysque novos detegat orbes,
Nec sit terris ultima Thule.

« Un temps viendra, dans les siècles futurs, où l'océan élargira le monde trop resserré en découvrant une terre immense ; un autre Tiphys découvrira de nouveaux mondes, et Thulé ne sera plus l'extrémité de l'univers. »

Est-ce pressentiment d'un grand esprit ? est-ce tradition d'un peuple chez lequel n'a pas disparu tout souvenir du grand cataclysme de l'Atlantide disparue ? Le vieux monde ne fut pas toujours clément pour les Sénèques.

« O fortune, déité toujours trompeuse, même dans les hautes faveurs que ta main dispense aux souverains, tu places tes plus grands bienfaits sur le penchant des précipices. Les rois veulent qu'on les craigne ; et, quand on les craint, ils tremblent. Toujours la Fortune se plaît à détruire ce qu'elle a élevé avec le plus de complaisance. Heureux celui qui, confondu dans la foule, cotoie le rivage, secondé

[1] Nous avons de lui des *Déclamations*, qu'on a faussement attribuées à son fils. Il a un livre *Suasiarium* et dix livres *Controversiarum*.

d'un vent paisible et sûr et qui, craignant de confier sa barque à la mer impétueuse, a la sagesse de ne pas trop s'éloigner de la terre. »

Que ce passage de l'*Agamemnon* soit un avis du père ou une désillusion du fils, il convenait à Lucius Annæus. Le séjour de Rome ne lui fut pas favorable. Relégué en Corse, il y écrivit le livre de la *Consolation* qu'il dédia à sa mère. Rentré en grâce et devenu précepteur de Néron, ce fut pour lui une dangereuse faveur. Le monstre couronné trouva en lui un censeur trop rigide, et l'enveloppa dans la conjuration de Pison pour le condamner à mort[1].

Les deux autres Sénèques furent Annæus Novatus et Annæus Méla, ce dernier, père du poète Lucain.

La *gens Annæa* produisit encore en Espagne L. Annæus Julius Florus, l'historien romain, qui, malgré son style déclamatoire, est précis[2]. Marcus Annæus Lucanus appartenait par sa mère à la *gens Anicia*, et hérita son nom de Lucanus de son grand-père maternel. Il était né à Cordoue (l'an 38), mais il alla de bonne heure étudier à Rome, puis à Athènes. Il eut comme Perse pour maîtres de grammaire et d'éloquence Rhemnius Palémon et Flaccus Virginius, et pour la philosophie stoïcienne, Annœus Cornutus, philosophe grec.

La poésie le captiva plus que l'éloquence et la philosophie ; mais il resta plus rhéteur que poète. Il montra la voie aux réalistes et son vocabulaire est d'une grande richesse ; mais son style luxuriant est un peu monotone.

Lucain eut l'imprudence de disputer le prix de la poésie à Néron, et le malheur de l'emporter sur son vaniteux rival. Sa disgrâce précéda de peu de temps sa perte. Jusque-là, il avait été exploité, admiré, gâté par un public qui voulait voir dans cet adolescent une

[1] Les principaux ouvrages de Sénèque, sont : *De Ira, de Consolatione sapientis, de Clementia, de Brevitate vitæ, de Vita beata, de Otio Sapientis, de Beneficiis*, sept livres d'Histoire naturelle, des lettres morales, des tragédies.

[2] Son Abrégé de l'histoire romaine ouvre la voie aux Chroniques si nombreuses en Espagne.

des gloires de Rome. Il n'a eu que quelques jours de recueillement pour arranger le drame de la mort et choisir sa pose.

Irrité contre Néron, il entra dans la conspiration de Pison, et fut condamné à mourir. Néron ne lui laissa que le choix du genre de son supplice. Lucain se fit ouvrir les veines dans un bain chaud, en prononçant, dit Tacite, dans ses derniers moments, les vers composés par lui pour un soldat mort de cette mort. Il n'avait que 25 ans.

Lucain avait exprimé des sentiments élevés dans ses ouvrages; sa mort même parut courageuse. On ne s'explique pas la lâcheté qui déshonora ses derniers jours. Il accusa sa mère Anicia d'avoir ourdi tous les complots de la conjuration. Mais cela ne le sauva pas.

Ses premières poésies, le *Combat d'Hector et d'Achille,* furent œuvre d'adolescent. On regrette la perte de la *Description de l'incendie de Rome* qui aurait fait le jour sur le mobile de ce grand crime. D'autres œuvres, les *Saturnales,* la tragédie de *Médée* ont péri. Il ne reste que la *Pharsale,* qui décrit la lutte de César et de Pompée d'une plume trop sèche pour soulever l'intérêt. L'idée maîtresse du poème ne se dégage pas assez nettement pour qu'on voit son but. Lucain a pour lui le talent des descriptions et les discours. On se souvient du mot de Quintilien : *Oratoribus magis quam poetis annumerandus.* C'est un héritage de famille. Il y a aussi la redondance et la richesse des synonymes. C'est un caractère distinctif de l'Espagnol.

La Bétique a encore donné un homme illustre dans un autre genre. Pomponius Méla, né à Mellaria, fut un des plus illustres géographes des temps anciens. Il a écrit *De situ orbis* en trois livres d'un style méthodique et exact.

Lucius Julius Moderatus Columella était de la même province. Né à Cadix, il a écrit des livres sur l'agriculture, un traité *Sur les arbres,* et il reste encore un guide sur ces matières.

Martial (M. Valerius), est un Espagnol du nord de la péninsule, de Bilbilis (Bilbao). Destiné à la jurisprudence, il partit à vingt-deux ans pour Rome, où, comme Lucain, il se donna tout entier à la poésie, y cherchant un moyen de vivre. Martial est un mendiant intéressant qui s'adresse à la bourse des gens; il y met peu de pudeur et beaucoup d'esprit. Ne pouvant citer tous les sujets de ses *Epigrammes*, où comme il le dit lui-même :

Sunt bona, sunt quædam mediocria, sunt mala plura.

Une seule suffira pour donner l'idée du genre :

« J'aime tes calendes d'avril, écrit-il à Quintus, autant que mes calendes de mars ; jours également heureux, dont l'un m'a donné la vie, l'autre un ami ; mais tes calendes, o Quintus, m'ont donné plus. »

Plus dant, Quinte, mihi tuæ calendæ.

Le vers est charmant, et il y en a plus d'un pareil. Le style de Martial est simple, spirituel, vif et très éloigné de l'enflure de celui de Lucain.

Italica a donné naissance à Silius Italicus, et Calagurris à Quintilien. Le poème sur la deuxième guerre punique du premier, et les *Institutions oratoires* du second ont été retrouvés au monastère de Saint-Gall par le Pogge, en 1415 ; peut-être ce sont les deux seuls points de contact de ces deux écrivains.

Quintilien fut un des maîtres de la grammaire, de la rhétorique et de l'éloquence à Rome. Mais il ne voulait pas seulement former des grammairiens et des rhéteurs ; il voulait former des hommes, et ce qu'il disait autrefois est bon à redire de nos jours :

« Plût aux dieux, dit-il, que nous n'ayons pas à nous imputer nous-mêmes les vices de nos enfants ! Nous amollissons leur jeunesse par de dangereuses délicatesses. Cette molle éducation leur énerve l'esprit et le corps. Accoutumés à fouler la pourpre, jusqu'où ne porteront-ils pas leurs désirs à mesure qu'ils avanceront en âge ? S'il leur échappe quelques termes trop libres, nous nous en amusons ; et ce que nous ne souffririons pas dans la bouche des hommes les plus libres, nous le souffrons dans la bouche de nos enfants ; nous en rions, nous les flattons. De qui ont-ils appris ces mots grossiers ? Hélas ! ils ne sont que les échos de ce qu'ils nous ont entendu dire. Nous les rendons témoins de nos sans-gênes criminels ; il n'est point de repas qui ne retentisse de chants inconvenants, où l'on n'expose à leurs yeux des choses qui font rougir la pudeur. Ils en contractent l'habitude qui se change bientôt en nature, et les malheureux enfants sont déjà vicieux sans savoir ce que c'est que le vice [1]. »

Les trois plus grands souverains du IIe siècle, Trajan, Hadrien et Marc-Aurèle sortirent du sol fécond de l'Espagne. L'art, la littérature, la politique y avaient germé mieux qu'en Italie.

Mais un grand événement qui se produisit alors dans le monde, devait laisser des traces plus profondes en Espagne que partout ailleurs. Le christianisme envahissait l'Empire romain et marchait rapidement à la conquête des âmes ; il s'avançait d'un mouvement irrésistible, mais entièrement pacifique, et de caractère plus durable que ne le fut la conquête par Scipion et César.

[1] Quintilien, *Instit. orat.*, l. I.

II

LE CHRISTIANISME EN ESPAGNE

Le Christianisme se répandit avec une très grande rapidité dans tout l'Empire romain. C'est un point incontestable. L'évangélisation qui atteignit bientôt les Indes, le pays des Scythes, ne pouvait manquer d'arriver aussitôt aux provinces les plus civilisées et en contact journalier avec Rome. L'Espagne se trouvait en ce cas.

Par malheur, depuis, les Espagnols ont entouré leurs origines d'erreurs nombreuses, de légendes devenues traditionnelles qui ont pu faire douter des points les plus incontestables de l'évangélisation de leur pays. Une bonne critique ne doit pas pour ce motif rejeter tout en bloc, mais se mettre en garde seulement sur des détails peu vraisemblables, des impossibilités, des fables qui tendraient à annihiler l'authenticité des faits les plus certains.

Aussi ferons-nous appel aux textes en dehors de l'Espagne, à des écrivains que l'amour-propre national n'a pu égarer, pour établir les faits. Cette réserve ne veut pas dire que les documents manquent parmi les écrivains espagnols. Il y a trois points qui nous paraissent incontestables : l'évangélisation dans le nord de l'Espagne par saint Jacques le Majeur, celle de saint Paul dans la même contrée, celle des sept disciples des apôtres dans le midi.

Un des Apôtres, saint Jacques le Majeur, reçut pour sa part d'apostolat l'évangélisation de l'Espagne. Parti de Jérusalem en l'an 41, il y était de retour en 44, pour subir son martyre [1]. Son apostolat fut donc de courte durée. Abordé à Tarragone ou à Barcelone, il suivit le cours de l'Ebre, porta la foi à Saragosse, à Léon, peut-être Tolède, et laissa un de ses disciples, Pierre de Braga, continuer son œuvre.

Si saint Jacques n'était pas venu en Espagne, il serait le seul des apôtres à avoir manqué à l'ordre du divin maître d'evangéliser les nations. Son apostolat en Illyrie ne fut que transitoire. La fable de la captive de Babylone ressuscitée montrerait que son apostolat eut pour objet les Juifs d'Espagne, peut-être une colonie venue après la captivité de Babylone. A ceux qui disent que cette opinion date du IXe siècle, époque de la translation de ses reliques, il y a plus d'un témoignage antérieur à opposer, celui de saint Beatus, dans son commentaire de l'Apocalypse, celui de Didyme d'Alexandrie (*De Trinit.*, l. IV), et de Adhelme de Scherburn, qui dit de saint Jacques (Poème sur les autels des douze Apôtres) :

Primitus Hispanas convertit dogmates gentes.

Saint Pierre reprit-il en Espagne, comme en Illyrie, l'apostolat de saint Jacques resté inachevé ? Il y a des auteurs anciens qui le disent [2].

Il y a moins de doute pour l'apostolat de saint Paul. L'Apôtre en parle comme d'une mission qui lui est réservée. Il dit aux Juifs de Rome qu'il ira les voir *en passant* et le répète une seconde fois : « J'irai en Espagne, après avoir passé par Rome [3] ». Le voyage n'était pas difficile : d'après Pline, on allait d'Ostie à Tarragone, par mer, en quatre jours. Mais le temps pressait saint Paul ; lui aussi ne put rester longtemps en Espagne [4]. Prenant pied à Tarragone, il

[1] Saint Pierre commença à évangéliser le Pont, la Cappadoce avant la dispersion des apôtres fixée en 41 ; cette dernière ne regarde que les gentils. Saint Jacques put donc s'adresser aussi aux Juifs.

[2] Entre autres, un mss. syriaque publié par le card. Maï l'atteste (*Script. veter.*, t. X, p. 7).

[3] Saint Paul, *Ep. aux Romains*, XV, 24, 28. — Saint Isidore, *De vita et mart. SS.*

[4] Gams, *K. G. von Spanien*, I, p. 1-17, fixe à une année le séjour de saint Paul en Espagne. L'apostolat de saint Paul est appuyé sur de nombreux témoignages.

évangélisa aux environs Dianium et Dertosa, et repartit pour courir à d'autres devoirs qui appelaient sa présence. Il retournait en Orient, avant de venir subir son martyre à Rome.

Il laissa à Dertosa Rufus, un de ses disciples ; saint Mancius, un autre de ses disciples, s'avança jusqu'en Lusitanie [1]. D'autres sont réclamés par les Espagnols, mais nous ne voulons pas soulever d'objections en les nommant. Le principe de saint Paul était, partout où il passait, d'établir des évêques, et on sait comme il insiste sur ce point en écrivant à Tite.

Plus qu'au voyage de saint Pierre, je crois à la mission de sept disciples envoyés par lui directement par mer et abordant aux rivages de la Bétique : Saint Torquatus à Acci (Guadix), saint Cécilius à Illibéri (Elvire), saint Indalecius à Urci (Almeria), saint Euphrasius à Illiturgi (Andujar), saint Secundus à Abula (Abla), saint Ctesiphon à Bergium (Berga) et saint Hesichius à Carteia (Cazorla). Si les Espagnols, dans leur zèle, n'ont pas craint de produire des preuves falsifiées, il en reste assez pour ne pas concevoir de doute [2]. Les sept disciples évitèrent les grandes villes où la prédication aurait été plus vite entravée ; ils s'établirent, pour ainsi dire, là où ils prirent pied, s'avançant peu à peu dans l'intérieur et établissant des sièges épiscopaux dont l'influence subsista. Acci paraît avoir eu le premier rang jusqu'à l'apparition des métropoles, calquées sur les métropoles civiles.

Saint Irénée (*adv. hæres*, I, 10, 2) et Tertullien (*adv. Jud.*, 7) parlent des églises d'Espagne. Nombreuses au IIIe siècle, elles sont en relation avec l'Afrique et saint Cyprien écrit aux évêques de Léon, d'Astorga et d'Emérita (Ep. 67).

Précisément, c'est dans ces trois centres de la prédication des Apôtres ou de leurs disciples immédiats que les martyrs apparais-

[1] Le but de leur apostolat paraît encore avoir été les Juifs d'Espagne. Saint Mancius, à Ebora (villa Miliana, selon Florus) fut mis à mort par les Juifs.

[2] Baronius, *in martyrol. rom.*; Saint Isidore, *de vita et morte SS.*, c. LXXIII ; et différentes lettres apostoliques. Il est ridicule d'avoir voulu les disséminer de Gibraltar et Cadix à Avila.

sent le plus nombreux. Dès le temps de Néron, dont la persécution ne fut pas restreinte à la ville de Rome, l'Espagne eut des martyrs[1]. La fameuse inscription de Marquesia, en Lusitanie, louant Néron d'avoir « purgé la province des brigands et de ceux qui inculquaient au genre humain une superstition nouvelle » a disparu depuis le XVIe siècle où l'imprimeur italien Strada l'avait copiée[2] ; mais d'autres preuves restent bien évidentes.

Comment aurait-il pu en être autrement dans une province romaine aussi attachée au culte des dieux que Rome même ? La lutte devait y être vive entre païens et chrétiens, puisque Tertullien affirme que « tout le territoire de l'Espagne était soumis au Christ » : *Hispaniarum omnes termini*[3].

Les critiques n'ont pas manqué pour attaquer tous les souvenirs anciens de la catholique Espagne; saint Rufus à Dertosa, saint Mancius à Ebora, saint Géronce à Hispalis, saint Eugenius à Tolède, et tant d'autres. Il n'en est pas moins vrai que la semence du sang chrétien avait germé avant la fin du IIIe siècle, que des villes entières et même des contrées étaient toutes chrétiennes et que la foi était implantée partout.

Mais la Bétique surtout s'attacha dès les premiers temps au Christianisme. Vous y chercherez en vain les dieux qui pullulent dans le nord de l'Espagne et dans la Lusitanie : Endovellicus, Borminacus, Arnus, Atthis, et autres dieux indigènes, sans préjudice des dieux romains. On y trouve très peu de traces d'hommages rendus aux dieux par des particuliers.

Nous voyons, et c'est un rare exemple à citer, à Acci, une mère offrir à Isis, au nom de sa petite fille, un diadème de perles, d'émeraudes, de rubis et d'hyacinthes, de riches pendants d'oreille, un collier de trente-six perles et dix-huit émeraudes, des agrafes, des

[1] Paul Allard, *Hist. des persée. pendant les deux premiers siècles*, p. 56-73.

[2] G. Ernst Walch, professeur à Iéna, a publié deux ouvrages pour en prouver l'authenticité.

[3] Tertull., *Advers. Jud.*, 7.

bracelets, des pierres précieuses pour les anneaux, huit émeraudes pour les sandales [1].

Cette dévote d'Isis, à la fin du IIe siècle, était bien confiante dans sa déesse « la source de la santé » qui pour elle comblait « de bien les mortels et leur prodiguait dans leurs maux l'affection d'une tendre mère [2] ». Mais autour d'elle, innombrables des mères adressaient des vœux à la véritable Vierge-mère, Marie, la mère de Jésus. Aussi cet ex-voto païen est unique.

Le paganisme, dans la Bétique, n'avait plus de vie que dans le culte officiel de Rome et d'Auguste. « Nous ne sommes pas encore au temps où Constantin interdira tout sacrifice au nom de l'Etat, où il organisera le culte de Rome et d'Auguste en l'épurant de tout élément païen ; mais déjà le gouvernement se montre assez tolérant et ferme les yeux sur les infidélités des flamines et des duumvirs aux obligations inhérentes à leur charge [3]. »

Mais ce flaminat devint purement honorifique, un titre nobiliaire, comme ceux de *curator civitatis* ou de *duumvir*. M. Duchesne a constaté qu'« il y avait parmi les flamines chrétiens, des gens plus scrupuleux et plus adroits qui trouvaient le moyen de se faire remplacer pour les cérémonies du sacrifice, peut-être même de les supprimer tout à fait, tout en continuant à faire les frais des jeux publics ». On en trouve la preuve au troisième canon du concile d'Elvire.

On pouvait être *sacerdos* sans le vouloir, et il y en avait un dans chaque municipe, contrairement à ce qui se voyait en Gaule. Ce titre et celui de *flamine* restaient comme titre honoraire.

Un fait très frappant, c'est que si les inscriptions parlent de jeux publics, soit sur la scène, *ludi scenici*, soit dans le cirque, *ludi circienses*, on ne trouve qu'une seule inscription, et encore assez douteuse, pour les combats de gladiateurs. L'Eglise les proscrivait, et ce

[1] Hübner, *Corp. Inscript. latin.*, t. II, n° 3.386.

[2] Apulée, *Métamorph.*, XI, 25.

[3] Duchesne, *Le concile d'Elvire et les flamines chrétiens.* Dans les *Mélanges Renier*, 1886, p. 162.

silence des inscriptions révèle un peuple chrétien en majorité. N'est-ce pas de la tolérance de l'Eglise pour les combats d'animaux que date l'amour enraciné des Espagnols pour les combats de taureaux ?

Les grands personnages chrétiens, ceux que pendant plus de cinq siècles encore on continua en Espagne d'appeler les *sénateurs*, pouvaient offrir à leurs concitoyens, en échange des jeux défendus ceux qui étaient permis ; au lieu des sacrifices, ils pouvaient offrir un travail d'utilité publique, un pont, une basilique, une réparation de route ou d'égoût, faire les frais d'un repas public, ou, plus simplement encore, distribuer une certaine somme entre leurs concitoyens [1].

Il faut bien remarquer aussi que, si répandu que fût le christianisme, même à la fin du IIIe siècle, les familles n'étaient pas toujours entièrement chrétiennes. Même lorsque les maîtres l'étaient, ils avaient à craindre les dénonciations de leurs esclaves. « Il a plu, dit le concile d'Elvire, d'avertir les fidèles d'empêcher, autant qu'ils le pourront, qu'il n'y ait des statues dans leurs maisons ; mais s'ils craignent les révoltes de leurs esclaves, qu'ils se conservent du moins purs ; sinon, qu'ils soient exclus de l'Eglise [2]. »

Il pouvait donc y avoir, même dans la Bétique, des statues de dieux, statues du Génie de la Bétique, du Bon événement, de la Fortune, de Mercure, de la Liberté d'Auguste, de Mars Auguste, de Panthée, de Jupiter [3] ; elles étaient là pour l'ornement plus que pour le culte, et les fidèles ne pouvaient pas les faire disparaître ; la loi le leur défendait.

Quand une femme chrétienne avait épousé un païen, elle se trouvait mêlée au culte domestique. Le mari n'était souvent païen que

1 Duchesne, *Lieu cité*, pp. 170, 171.

2 Conc. d'Elvire, canon 41. Il fallait éviter, même après la mort, les signes de paganisme sur les tombeaux ; aussi observe-t-on qu'en Bétique, ils restèrent le plus souvent anépigraphiques, ou sans inscription religieuse. C'est une preuve négative de christianisme.

3 Hübner, *Inscript. lat. chr.*, n° 1163, 1471, 2103, 2035, 2121, 1473, 1424.

de nom, mais il tenait à ces usages, surtout s'il était *flamine*, pour avoir sa statue un jour sur la place publique.

Nil sub sole novum.

« C'est dans les relations ordinaires de la vie que se rencontrent les tentations d'idolâtrie ; la loi ne réclame rien, le magistrat n'intervient pas ; cependant le respect humain, les usages reçus, des influences diverses peuvent amener les fidèles à commettre quelqu'acte d'idolâtrie, même l'acte capital, le sacrifice ; les flamines en particulier y sont exposés par la nature même de leurs fonctions [1]. »

Telle était la situation de la province la plus chrétienne de l'Espagne avant la dernière persécution, et c'est ce qui détermina la tenue d'un concile à Elvire (Illiberis) l'an 300. Il fut composé presque exclusivement d'évêques de la province et les prêtres qui s'y trouvèrent en étaient tous ; et néanmoins il comptait 19 évêques, de la Bétique, les évêques de Saragosse, de Tolède et de Léon [2].

Le représentant du Saint-Siège à ce concile, était le grand Osius, évêque de Cordoue. Il était né en 257 et était évêque depuis 295. Il eut la gloire de souffrir pour la foi durant la persécution de Maximin Hercule qui le trouva inébranlable. Avant de dire le grand rôle qu'Osius devait jouer dans l'Eglise, parlons des victimes glorieuses des persécutions.

Ce fut dans les Municipes surtout que la persécution fut plus sanglante. Un grand poète chrétien, un Espagnol, Prudence, a raconté les actes des martyrs principaux avec une précision qui fait revivre les scènes de la persécution [3]. Prudence est le poète des mar-

[1] Duchesne, *Le concile d'Elvire*, etc., p. 161.

[2] *Illiberis* est l'ancien nom de Grenade. V. Gams, *K. G. von Spanien*, I. — Paul Allard, *Revue des quest. hist.*, 1886. — Duchesne, *Le conc. d'Elvire* (*Mél. Renier*, p. 160-162).

[3] Quintus Aurelius Prudentus Clemens était né en 348, probablement à Saragosse. Cependant quelques passages de ses poésies ont fait réclamer par Calohorra et Tarragone l'honneur de lui avoir donné le jour. Il est le plus original des poètes chrétiens de cette époque. On retrouve dans ses vers des imitations très

tyrs. Le soin minutieux qu'il mit à visiter les catacombes romaines montre combien dans son pays il s'était documenté sur les faits. La vie intime des riches Espagnols revit dans le début du poème sur sainte Eulalie de Mérida, la martyre de 12 ans.

« Déjà elle avait fait pressentir qu'elle n'aspirait qu'au trône divin. Elle ne prenait pas soin de son corps comme celles qui se préparent au mariage ; mais toute petite, déjà elle repoussait les amusements, et fillette ne savait pas jouer.

« Mépris pour les douceurs, larmes pour les roses, dédain des bracelets aux fauves reflets, visage austère, démarche modeste, tout dans ses habitudes d'enfant imitait la maturité des vieillards.

« Au premier bruit qu'un orage furieux se lève contre les serviteurs de Dieu...

« L'esprit sacré d'Eulalie frémit...

« Mais les soins pieux d'une mère veillent à retenir la jeune fille qui reste cachée chez elle, dans une villa retirée, loin de la ville...

« Elle, sans crainte, ne pouvant supporter cette lâche attente, de nuit, sans témoin, pousse la porte, ouvre la barrière du parc et se met en route à travers la campagne.

« Elle va, les pieds déchirés, par des sentiers couverts de ronces...

« Dans sa marche précipitée, elle a déja fait plusieurs milles avant que l'aurore ne brille à l'horizon, et, le matin, fière, elle entre au tribunal et se dresse au milieu des faisceaux [1]. »

Les Romaines n'étaient pas dégénérées en Espagne et j'aurais voulu citer les véhémentes objurgations au Préteur, les sollicitations de ce dernier, les dédains de la martyre, ses chants au milieu des supplices. A la fin on promène des torches en feu sur sa poitrine.

sensibles des odes d'Horace, du *Carmen sæculare* en particulier, ainsi que de Pindare.

[1] Mérida (Emerita Augusta) avait besoin de ce grand exemple de courage chrétien. Le milieu du IIIe siècle avait été attristé par les défaillances de son évêque, Martial, à demi-païen (v. S. Cyprien, ép. 62).

« Sa chevelure parfumée avait glissé sur son cou et enveloppait ses épaules pour protéger sa pudeur virginale sous ce voile naturel.

« La flamme l'atteint, vole au visage et, dévorant les cheveux, gagne la tête, s'y fixe et s'élève au-dessus. La vierge, avide de la mort qui approche, ouvre la bouche et boit la flamme.

« Il en sort en se glissant une colombe de cette bouche de la martyre, plus blanche que la neige et l'oiseau vole au ciel. C'était l'âme d'Eulalie toute pure, toute légère et sans tache [1]. »

Certes, aucun des écrivains païens sortis de la Bétique, ni Lucain, ni Martial, n'ont écrit une page si poétique ; et, quoiqu'on en ait dit, souvent le vers de Prudence approche de celui d'Horace avec lequel on a pu le comparer [2].

« Prudence, a-t-on dit, est le poète des supplices. Il était bien de cette race espagnole, dure à soi et aux autres, mère des grands mystiques et des inquisiteurs. Il peint comme Ribera [3]. »

Si Prudence aime à peindre les supplices, c'est que le souvenir de la dernière persécution, si atroce, vibrait encore dans toutes les âmes chrétiennes. On aimait à entendre répéter les rigoureuses protestations des témoins de la foi :

« Apprends quelle est la voix qui nous commande : c'est le Christ et Dieu le Père. Nous sommes ses serviteurs et ses témoins ; arrache-nous, si tu peux, la foi.

« Tourments, cachots, ongles de fer, laminoire qui sifflent au feu, et jusqu'au suprême châtiment, la mort n'est qu'un jeu pour les chrétiens. »

Pense-t-on qu'il y ait rien d'exagéré dans la rage des juges exaspérés du calme des chrétiens ? Ce serait bien peu connaître le cœur humain ; ces hommes avaient des ordres : abolir le nom chrétien. La lutte était acharnée, car tous sentaient que c'était la dernière.

[1] Prudence, *A la vierge Eulalie*.
[2] Voir une étude sur Prudence dans *la Ciudad de Dios*, 1902.
[3] Alfred Poizat, *Poètes chrétiens*. Vitte, Lyon, Paris, p. 239.

« Blessé par ces paroles, le persécuteur pâlit, rougit, bouillonne; tordant des yeux fous, il grince et écume.

« Il a tardé trop longtemps, il ordonne les derniers supplices; par le feu, le lit de torture et les lames rougies on lui donnera la question.

« Le martyr, au devant de ces présents du bourreau, se hâte d'un pas empressé, et dans la joie qui l'entraîne il anticipe sur les tortures [1] ».

Il y a bien autre chose que le plaisir d'étaler des supplices dans les vers de Prudence ; il y a une délicate et vraie analyse des sentiments, du courage chrétien d'un côté, calme et inébranlable, de la rage des persécuteurs de l'autre, telle qu'elle se montra partout, à Rome, en Espagne, en Gaule et en Orient, en voyant les victimes exciter l'admiration de tous.

Je souscris plus volontiers à une meilleure appréciation du poète.

« Sa poésie ressemble à celle du Dante, dont elle a la concision, la violence d'antithèse et la fougue sauvage ; elle en a aussi la tendresse brusque et la grâce adolescente [2] ».

Prudence n'a pas pu chanter tous les martyrs de la persécution de Dieu, tant ils furent nombreux. A Saragosse même, après saint Vincent, on trouve sainte Engratia et dix-huit autres martyrs. A Barcelone, saint Cucuphas venu d'Afrique avec saint Félix de Girone pour les études de ce dernier. A Girone encore saint Vincent, saint Orontius, saint Victor. A Avila, saint Vincent, sainte Sabine et sainte Chrystetès. A Complutum, saint Juste et saint Pastor, encore deux jeunes étudiants. A Tolède, sainte Léocadia. A Mérida, sainte Eulalia, sainte Macrina et sainte Pecinna. En Galice, saint Facundus et saint Primitivus.

La persécution de Dioclétien fit d'autres martyrs. A Barcelone, saint Severus, que l'on croit en avoir été l'évêque. A Cadix, saint Servandus et saint Germanus. A Lisbonne, saint Verissimus, sainte Maxima et sainte Julia. A Girone, un évêque missionnaire, saint

[1] Prudence, *Hymne à saint Vincent de Saragosse.*

[2] Alfred Poizat, *Ibid*, p. 239.

Narcissus; saint Inventus et 359 autres martyrs. A Lerida, saint Anastasius avec 73 autres martyrs.

La persécution de Dioclétien paraît avoir débuté par des poursuites contre les soldats chrétiens, en Tarraconaise et en Lusitanie. Dans cette dernière province, saint Victor et ses frères Stercatius et Antinogenès, à Mérida. A Zamora, saint Baudelius. A Léon, saint Claudius, et ses frères, saint Lupercius et saint Victoricus, et un centurion, saint Marcellus, dont les fils, saint Emétorius et saint Chelidonius, furent martyrisés à Calagurris.

A Cordoue, saint Faustus, saint Januarius et saint Martialis. A Séville, sainte Justa et sainte Rufina. A Malaga, saint Cyriacus et sainte Paula.

Nous avons vu que Prudence était le poète des martyrs; il est aussi le poète de la vie chrétienne, telle que la paix de l'Eglise l'avait enfin donnée à ceux qui avaient si longtemps souffert.

« O crucifié si bon, créateur de la lumière, père de tout, source de la parole, ô Jésus né du corps d'une vierge; mais avant cela dans le sein du Père tu avais la toute-puissance...

« Incline, je t'en prie, l'éclat de ta face, ô Sauveur, et de ton front bienveillant verse la lumière, afin qu'en l'honneur de ton nom, nous puissions prendre ces mets.

« Sans toi, rien n'est doux, Seigneur, et on ne trouve de saveur dans la nourriture, si d'abord nos aliments n'ont été, ô Christ, imprégnés de ta bonté et sanctifiés par ta foi.

« Il faut que nos mets aient la saveur de Dieu, et que nos coupes soient aromatisées du Christ. Nos travaux, nos yeux, nos paroles, nos délassements, tout ce que nous sommes, tout ce que nous faisons, doit être gouverné par la triple bonté divine.

« Nous n'effeuillerons pas les roses, et les parfums n'embaumeront pas nos tables [1]. »

La poésie elle-même est sanctifiée.

« Et toi, ma muse, dédaigne ces couronnes de lierre dont tu avais coutume de ceindre tes tempes, et fais un savant et mystique tissu

[1] PRUDENCE. — *Hymne avant le repas.*

de dactyles ; tu noueras ta chevelure dans une strophe à la louange de Dieu [1]. »

Un autre poète espagnol, Carius Vettius Juvencus, parut avant Prudence, vers 330. Il avait mis l'Evangile en vers, dans son *Historia evangelica*. Juvencus est bien supérieur pour la conception de son œuvre à la *Christiada* de Vida, mais la versification est moins virgilienne. Il a écrit en outre sur les sacrements (saint Jérôme). Il a été très étudié au moyen-âge. P. F. Andrelini l'expliquait à l'université de Paris, au xv° siècle.

Tout était changé dans ce monde nouveau, et l'Espagne chrétienne prenait enfin possession d'elle-même pour une longue suite de siècles.

Ce fut bien le christianisme qui créa l'unité nationale en Espagne. Il fit de ces peuples d'origine si différente, un seul peuple. Les Romains eux-mêmes se fondirent dans cette unité ; ils avaient plus que tous autres, dans les colonies et les municipes, versé leur sang pour la foi du Christ.

Tout n'était pas cependant fini pour les luttes de la foi catholique. Témoin Osius de Cordoue, qui, après avoir, dans sa jeunesse, confessé la foi devant un empereur païen, lutta durant toute sa longue vie. Comme l'Eglise, il eut son triomphe sous Constantin, qui le consulta et l'eut en grande estime. Au nom du pape, il présida le concile de Nicée (324), et sous Constance, le concile de Sardique (347). Aussi l'appela-t-on *le père des évêques*, Osius *des conciles*.

Mais l'arianisme, ce paganisme déguisé, avait envahi l'Orient et menaçait l'Occident, soutenu par la faveur des empereurs. Constance fit venir Osius à Milan pour l'engager à donner son appui à l'arianisme. Il ne put rien obtenir et Osius reprit le chemin de l'Espagne pour protéger sa patrie, comme Athanase en Egypte, Ambroise en Italie, Hilaire en Gaule. Les Ariens reprirent leurs intrigues près de Constance qui écrivit une lettre menaçante à Osius pour le contraindre à condamner saint Athanase. Nous avons la belle réponse de ce grand homme :

[1] *Id. Ibid.*

« J'ai confessé Jésus-Christ dans la persécution que Maximien, votre ancêtre, excita contre l'Eglise ; si vous voulez la renouveler, vous me trouverez prêt à tout souffrir, plutôt que de trahir la vérité, et de consentir la condamnation d'un innocent. Je ne suis ébranlé ni par vos lettres ni par vos menaces... Ne vous mêlez pas des affaires de l'Eglise ; ne condamnez pas sur ces matières, mais apprenez plutôt de nous ce que vous devez savoir. »

Loin d'écouter ce noble et ferme langage, l'Empereur, à la suggestion des Ariens, fit traîner Osius à un concile d'hérétiques qu'il protégeait à Sirmich. On essaya tout pour abattre l'énergie du grand vieillard qui était alors centenaire ; les paroles, les menaces, les supplices. Qu'arriva-t-il ? On avait si grand intérêt à s'abriter sous son nom qu'on le fit passer pour avoir souscrit les actes de Sirmium. L'historien Socrate le dit. Du fond de la Gaule, Hilaire le crut [1].

Osius put retourner en Espagne et mourut bientôt après dans la communion de l'Eglise catholique, comme l'attestent saint Athanase et saint Augustin, en jetant un dernier anathème à l'arianisme.

En face de cette grande mais austère figure, plaçons-en une autre toute suave et gracieuse, celle de saint Paulin. Il n'est pas, il est vrai, espagnol de naissance, car il naquit à Bordeaux, mais il appartient à l'Espagne par son mariage et une partie de sa vie.

Ce jeune sénateur romain, déjà consulaire et fameux par sa noblesse et ses immenses richesses, avait épousé, vers 380, Tharasia, noble Espagnole de Barcelone, dont les richesses étaient aussi immenses. Il se fixa alors en Espagne, espérant y jouir du bonheur des époux chrétiens. Dieu avait d'autres vues sur eux et leur enleva un fils, quelques jours après sa naissance.

« Il s'appelait Celsus, dit Paulin. Nous l'avions attendu longtemps, mais nous n'étions pas dignes de le conserver. Nous l'avons inhumé à Complutum, près du tombeau de deux martyrs, pour que

[1] Macedo dans un livre intitulé *Osius vere innocens et sanctus* (Bologne, 1790) venge sa mémoire. Les ariens ont souvent menti et falsifié les faits. D'après saint Isidore, il n'aurait fait que condamner l'usage du mot *omousion*.

ce voisinage lui communiquant quelque chose de la vertu des saints, il pût nous obtenir la purification de nos âmes. Et maintenant il joue dans le Paradis, avec les petits enfants de Bethléem, que frappa la cruelle jalousie d'Hérode, et, sous les bois odorants, il tresse des couronnes pour les martyrs. »

Ce deuil jeté sur leur paisible bonheur désabusa Paulin et Tharasia des joies de cette vie. Paulin écrivit une brève poésie où il laisse parler son âme.

« Allons, écoute-moi, compagne inébranlable de mes destinées. Cette vie vacillante et courte, dédions-la à Dieu, notre maître. Vois-tu rouler rapides et nous échapper nos jours, et les membres de ce monde fragile diminuer, périr et fuir? Tout glisse de nos mains, et ces flots écoulés n'ont pas de reflux ; cupides et vagabondes, nos pensées s'y perdent comme dans un vain miroir. Où est maintenant l'image des choses, où sont les richesses des puissants, par lesquelles nos âmes se laissaient captiver ? »

Tharasia comprit et avec Paulin dit adieu à tous ses biens, au lieu de s'y cramponner, comme tant d'autres, au milieu de cette société romaine qui s'écroulait.

« Or, écrit encore Paulin, nous quittâmes, mon épouse et moi, nos biens que nous regardions comme un manteau trop pesant. Nous ne les avions pas apportés avec nous, en venant au monde ; nous ne devions pas les emporter en mourant ; nous les avons rendus à Dieu comme une chose qu'il nous avait prêtée ; nous nous en sommes défaits avec la même facilité qu'on quitte ses habits. »

Les deux époux rendirent en effet leurs biens à Dieu, à son Eglise, à ses pauvres. Le peuple et le clergé de Barcelone, touchés des grands exemples que leur donnait Paulin, insistèrent près de lui pour qu'il entrât dans le clergé. Il fut ordonné prêtre en 393, mais quitta bientôt après l'Espagne pour se consacrer à honorer la mémoire du martyr de Nole, saint Félix, peut-être aussi pour fuir les honneurs de l'épiscopat.

L'illustre évêque de Barcelone, saint Pacien, venait de mourir, après avoir été la gloire de cette ville par sa vie et ses écrits. Il écrivit un jour une phrase célèbre qui convient aussi bien à sa patrie qu'à lui-même : « Chrétien est mon nom, catholique est mon surnom. » C'est dans une de ces trois lettres au donastiste Symphronien. Il écrivit en outre une *Exhortation à la pénitence* et prononça un *Discours sur le baptême*, dans un style pur et élégant.

L'Espagne ne cessait de produire des hommes dont les écrits enrichissaient l'Eglise. Un prêtre, Paul Orose, mort 20 ans plus tard, écrivait dans un esprit chrétien, une sorte d'histoire générale, les *Historiæ adversus paganos* [1]. Prêtre à Tarragone, il fut envoyé par deux évêques espagnols à saint Augustin, et le grand docteur, un an plus tard, l'envoya lui-même à saint Jérôme, à Bethléem. Il fut ainsi le lien d'union entre ces deux grands docteurs.

Juvencus, un des premiers poètes chrétiens (vers 329) mit en vers l'*Histoire évangélique*.

Lucius Flavius Dexter, fils de saint Pacien, fut préfet du prétoire et gouvernenr de Tolède. Saint Jérôme lui dédia son livre *De scriptoribus ecclesiasticis*. On le croit l'auteur d'une *Chronique* publiée sous son nom. Il était parent de Paul Orose et ami de Prudence.

Tous ces écrivains avaient comme instrument un latin qui n'avait rien d'inférieur à celui qui avait cours dans le reste de l'Empire. L'Espagne avait conservé une bonne tradition littéraire et avait ses écoles et ses maîtres, témoin l'inscription suivante de Cordoue, encore païenne en apparence, mais de cette époque :

D. M. S.
DOMITIVS. ISQVI
LINVS. MAGIS
TER. GRAMM.
GRAECVS ANNOR.
CI
H. S. EST. T. T. L.

Ce vieillard mourant à Cordoue, à l'âge d'Osius, avait sans

[1] Cette histoire, en sept livres, va des origines a l'an 316. Il a en outre des écrits théologiques.

doute formé des générations dans le culte des Belles-Lettres. Le clergé recueillit cet héritage, et ne le laissa pas périr.

Du ve au VIIIe siècle, les nombreuses inscriptions recueillies de nos jours le prouvent. Le latin subit ensuite des modifications en Espagne, mais il ne perdit jamais son caractère essentiel[1]. Les Wisigoths, en envahissant la Péninsule, allaient subir sa loi.

[1] HÜBNER, *Inscript. hisp. christ.* Préface, p. 12, 13. On remarque en particulier des inscriptions grecques à Mérida, qui supposent une colonie grecque en cette ville.

CHAPITRE III

DOMINATION DES WISIGOTHS

Un seul peuple d'Espagne peut-être, les Cantabres, était resté irréductible, maintenu en respect par la légion romaine campée sur son territoire. Des peuples nouveau-venus allaient en avoir raison. L'Empire romain entier était envahi.

Les Suèves, les Alains et les Vandales pénétrèrent les premiers en Espagne. Leurs bandes sauvages avaient tout ravagé sur leur passage. Cette fois, elles trouvèrent des territoires à leur convenance et s'y établirent. Les Romains furent refoulés vers le littoral de la Méditerranée. Les Vandales laissèrent quelques bandes en Gallicie et traversèrent la Bétique. Les autres Barbares se portèrent vers les rivages de l'Océan, poussés qu'ils furent bientôt par d'autres bandes mieux disciplinées et plus nombreuses.

Les Wisigoths étaient depuis longtemps en contact avec les Romains ; leurs frères, les Ostrogoths, occupaient même l'Italie. Ils n'avaient pas le farouche instinct de destruction des autres barbares et ils ne prétendaient qu'à la supériorité de la province conquise, ne voulant lui imposer ni leurs lois ni leurs mœurs. Ils étaient plutôt disposés à prendre les habitudes et la langue des vaincus, en conservant pour eux leurs lois et leurs institutions.

Ces institutions, comme celles des Francs mérovingiens, renfermaient des germes dangereux, bons pour des chefs de bandes allant à la conquête, mais non une fois qu'elles se fixaient au sol.

La liberté des élections royales créait des compétitions sans cesse renouvelées, des intrigues, des meurtres même. L'occupation des Wisigoths en Espagne en fut souvent troublée. Elle le fut souvent aussi par les violences des rois Wisigoths.

Ainsi Theudiscle avait outragé et menacé l'honneur et la vie des grands ; il fut égorgé au milieu d'un banquet.

Agila, son successeur, fut brutal et maladroit. Il mécontenta les Hispano-Romains de Cordoue qui s'étaient soumis et étaient les sujets tranquilles des rois Goths de Tolède. Agila trouva moyen de s'en faire des ennemis et de les pousser à la révolte. Les Cordouans battirent l'armée des Goths, et Agila, vaincu, perdit son fils tué dans le combat. Ses trésors tombèrent aux mains de l'ennemi, parmi les cadavres nombreux de ses soldats. Agila n'échappa qu'avec peine et s'enfuit honteusement jusqu'à Mérida.

La tyrannie l'avait rendu odieux aux Espagnols ; sa lâchété le livra au mépris des Wisigoths.

Athanagilde leva l'étendard de la révolte à la tête d'une faction puissante ; il fut appuyé surtout par ceux que les attentats sacrilèges d'Agila contre les églises des catholiques avaient révoltés. Secrètement, il est vrai, Athanagilde était catholique. Mais ce secret transpira et rallia autour d'Agila les tenants de l'arianisme. Une autre cause de mécontentement des Goths fut l'appel que fit Athanagilde à l'Empereur Justinien. Ce règne, qui eut pu sauver l'Espagne, en fut troublé.

En Espagne comme en Gaule, c'est au clergé qu'on doit les souvenirs historiques de ces temps obscurs, et de ces révoltes sans cesse renaissantes.

A leur arrivée en Espagne, les Goths s'étaient partagé le pays, en dehors de ce qu'ils laissaient aux Cantabres, aux Alains et aux Suèves. Ils avaient pris pour eux les deux tiers des terres, laissant un tiers seulement aux vaincus. Mais on revint souvent sur ce partage et toutes les fois qu'il plaisait aux vaincus, la spoliation recommençait. Pas un instant, les Espagnols n'étaient assurés de conserver leurs propriétés [1].

[1] V. Fauriel, qui a traité avec compétence cette question dans ses ouvrages.

Tolède devint la capitale des vainqueurs, et la Bétique, soutenue par les empereurs d'Orient, conserva un reste d'indépendance et de prospérité. Carthagène et la Tingitane restèrent au pouvoir des Byzantins.

Bientôt les alliances commencèrent entre les Wisigoths et les Francs. Ces derniers prirent l'habitude de demander des reines à leurs voisins d'Espagne. Fortunat a raconté le départ et le sort des fiancées Wisigothes.

« Tolède t'envoya deux tours, ô Gaule, écrit-il par une métaphore un peu osée. La première est debout encore, mais la seconde gît brisée... [1].

« Lorsque la princesse Galeswinthe fut demandée en mariage par un roi pour aller vers les froides constellations, effrayée à la première annonce, elle courut dans tes bras, Goïswinthe... »

Laissons les amplifications du poète poitevin, pour constater combien ces filles de barbares s'étaient déjà attachées à leur nouvelle patrie.

« Dis-moi, Tolède, est-il possible que je me plaise aux soins d'une nourrice étrangère, qui me lavera le visage et ornera ma tête ? Je n'aurai pas là-bas les jeunes compagnes de mon enfance pour jouer.

« Ici, délices de mon âme, ici mon cœur repose. Si tu ne peux me garder autrement, qu'au moins ici la nudité du sépulcre me recouvre. Ne puis-je vivre ici ? Il me serait doux d'y mourir. Je ne jouis plus de tes embrassements, ô ma patrie, je m'éloigne sans avoir rassasié ma vue. Toi qui me renvoies, dure Tolède, adieu. »

Entendez à son tour Goïswinthe, la mère :

« O Espagne, si vaste pour tes habitants, si étroite pour une mère, pays si tôt fermé pour moi seule ! Quoique tu ailles du Zéphyr à l'Eurus, que tu t'étendes depuis la mer Tyrrhénienne jusqu'à l'Océan, et que tu aies de larges contrées pour tes peuples, maintenant que ma fille ne doit plus y être, tu me deviens bien petite.

[1] La première fut Brunehaut.

Sans elle, je serai ici errante et étrangère, et dans ma propre cité je serai à la fois citoyenne et exilée [1]. »

Tout en faisant la part du rhéteur, il y avait dans ces âmes un amour profond de la nouvelle patrie. Fortunat avait connu une de ces reines de la race des Wisigoths, à la cour de Metz. Brunehaut a été accusée de crimes atroces ; il faut dire que ce fut par son bourreau, Clotaire II. Ce qui est certain, c'est qu'elle employa sa régence à de grandes œuvres qui dénotent en elle de larges vues et une âme bienfaisante : chaussées romaines restaurées, fondations d'églises et d'hôpitaux, monuments de toute sorte attestent qu'au milieu de la barbarie, elle avait le génie d'une grande reine.

La race des Francs, à son tour, envoyait des épouses aux rois de Tolède. Goïsvinthe, l'épouse de Léovilgide, ne brilla pas par sa douceur. Elle excita contre les catholiques une persécution sanglante [2] et exerça une cruauté froide sur Ingonde, la fille de Brunehaut qui avait épousé Herménégilde. Ayant un jour tenté en vain de la faire renoncer à la foi catholique, elle se jeta sur elle, la prit aux cheveux, la jeta à terre, la foula aux pieds toute ensanglantée, la fit dévêtir, et jeter dans une piscine pour la baptiser ainsi dans l'hérésie [3].

Cette marâtre fut un fléau pour l'Espagne, et n'eut de bonheur qu'elle n'eut porté son époux Léovigilde à dépouiller son fils Herménégilde du royaume qu'il lui avait donné, et enfin qu'elle ne l'eût fait martyriser.

Herménégilde n'est plus un barbare ; on voit qu'il a du sang romain dans les veines. Adon le désigne à tort comme fils de Rinchilde, et par conséquent petit-fils de Frédégonde. Il eut pour mère Theodosia, fille de Sévérianus, gouverneur de Carthagène, que Léovigilde avait épousé avant d'être associé au trône par Liuva. Il eut ainsi pour oncles les grands docteurs de l'Eglise d'Espagne, saint

[1] FORTUNAT, *Poème de Galeswinthe*. Le poète a fait à peine pressentir le caractère cruel de Goïsvinthe.

[2] GRÉG. DE TOURS, *Hist. Françor.*, V, 39.

[3] *Id.*, V, 38.

Léandre, saint Fulgence et saint Isidore, qui eurent toujours une grande sollicitude pour lui et son frère Récarède.

On a voulu faire d'Herménégilde un révolté. Grégoire de Tours a prêté l'appui d'un de ses jugements à cette erreur, tandis que dans un autre passage, comme il lui arrive, il dit le contraire.

La réalité est toute autre. Herménégilde était roi de la Bétique. Des documents de premier ordre le prouvent, ne serait-ce qu'un texte de Grégoire lui-même qui atteste qu'après la scène odieuse de Goïswinthe contre Ingonde, Léovigilde donna à Herménégilde et à sa femme insultée, *unam de civitatibus, in qua residentes regnarent* [1]. Or, cette ville était Hispalis, comme le prouve une inscription : *Anno feliciter secundo domini nostri Ermenegildi* [2]. Léovigilde assurait par là sa domination sur la Bétique qui jusqu'alors était restée indépendante, grâce à l'appui des gouverneurs byzantins de Carthagène.

La rage de Goïswinthe renversa ses projets en lui montrant un ennemi dans son fils.

Le premier grief était sa conversion ou plutôt la retour à la foi catholique sucée avec le lait. Dès qu'elle fut à Séville, Ingonde, avec l'appui sans doute de saint Léandre et de saint Isidore, travailla à ramener son époux à la foi catholique et y réussit. Son époux changea même son nom et prit celui de Jean. Or, l'arianisme était la religion nationale des Wisigoths, plus que leur conviction religieuse.

Un second grief ce fut, non seulement l'accueil des populations romaines, mais l'émigration vers la cour de Séville de beaucoup de Wisigoths ou catholiques ou mécontents de la domination de Léovigilde. De plus, les Suèves s'étaient tournés vers lui. Goïswinthe sut irriter Léovigilde que la raison d'Etat seule pouvait guider. Il prit les armes contre son fils et alla l'assiéger dans Hispalis. Après un

[1] GRÉG. DE TOURS, *Hist. Franc.*, V. 38.

[2] HUBNER, *Inscript. hisp. christ.*, II, n° 76. L'inscription est de l'an 573. — La chronique de Jean de Valclara atteste son règne à deux reprises.

long siège, Herménégilde s'enfuit à Cordoue. Son père l'y suivit, Herménégilde étant venu se jeter aux pieds de son père, il le fit jeter en prison et transporter à Valence : *Regno privatum in exilium Valentiam mittit*, puis à Taragone : *Ermenegildus in urbe Tarraconensi a Sisberto interficitur* [1].

La vengeance de Goïswinthe n'était pas satisfaite. Vers le temps de Pâques, elle réussit enfin. Laissons saint Grégoire pape nous raconter le drame tel qu'il le tenait de Léandre, son grand ami, *dudum in amicitiis mihi familiariter juncto*.

« Le roi Herménégilde se mit, tout jeune, à mépriser le royaume terrestre, et à chercher d'un désir courageux celui du ciel. Etendu dans un cilice qu'il avait joint à ses fers, il répandit devant le Dieu tout-puissant ses prières pour se fortifier, et il méprisa la gloire du monde qui passe avec un cœur d'autant plus élevé qu'il avait appris dans ses chaînes qu'il n'était rien qu'on pût lui enlever.

« La fête de Pâques étant survenue, au milieu du silence d'une nuit bien mal choisie, son père ennemi de la foi lui envoya un évêque arien, pour qu'il reçut de sa main une communion consacrée par une main sacrilège. C'était le seul moyen de rentrer en grâce avec lui. Mais notre roi, fidèle à son Dieu, reprocha à l'évêque qui l'abordait, comme de juste, son hérésie et le repoussa avec des reproches mérités : tout enchaîné qu'il était du corps, il se tenait dans la haute sécurité d'une grande âme.

« Quand l'évêque arien fut revenu trouver Léovigilde, le père arien frémit de fureur, et sur le champ envoya des bourreaux pour tuer le confesseur de Dieu inébranlable et étendu à terre. Ils le firent, et, à peine entrés, le frappèrent à la tête d'un coup de hache, lui enlevant ainsi la vie [2]. »

[1] Chronique de Jean de Valclara, à l'an 584. Herménégilde était roi d'Hispalis depuis 572. Un écrit récent du P. Roche (*Razon y fe*, oct. 1902) prétend que le martyre de saint Herménégilde eut lieu à Séville. C'est s'appuyer sur une tradition relativement récente, et rejeter l'autorité de Valclara, bien informé sans aucun doute, et celle de Florez dans son *España Sagrada*.

[2] Saint GRÉGOIRE LE GRAND, *Livre des Dialogues*, III, 31.

Cette exécution, plus semblable à un assassinat de son fils, jeta bientôt Léovigilde dans un sombre désespoir. Des faits prodigieux vinrent attester la sainteté d'Herménégilde. L'influence de Goïswinde, qui, sans doute, triompha sans pudeur, devint odieuse à Léovigilde. Il écouta les reproches de saint Léandre, et en vint à lui confier son autre fils Récarède pour l'élever dans la foi catholique. Ce fut la dernière convulsion en Espagne de la bête venimeuse qu'était l'Arianisme.

Avec Récarède qui bientôt succéda à son père mort dans le désespoir, le catholicisme reprit possession de l'Espagne. Le concile de Tolède de 589 consacra officiellement son avènement [1].

Après la conversion de Récarède, les chefs wisigoths étudient pour être aptes à participer aux bénéfices et aux honneurs des fonctions épiscopales. L'Espagne eut alors des écrivains wisigoths, tels que le comte Claude, le comte Bulgarano, gouverneur de la Gaule gothique, et un roi Sisebuth, qui composa en latin plusieurs ouvrages.

Cet empressement des Wisigoths pour la littérature latine, l'oubli de leur langue, la disparition de la Bible d'Ulphilas, montrent qu'ils acceptèrent avec le catholicisme la disparition de leur nationalité. De toutes les langues qui ont concouru à former le castillan, le gothique est celle qui a fourni le moins d'éléments [2].

Les habitants de l'Espagne se divisaient alors en trois classes : les anciens Espagnols, les Romains, et la troisième comprenant sous le nom général de Goths, les Wisigoths, les Alains et les Suèves. On trouve trace de cette répartition, en particulier dans les lois des Goths, le *forum judicum*. En les promulguant, les rois goths nomment séparément les trois classes. Les Romains étaient souvent appelés sénateurs : on dit d'un Romain jusqu'au VIIIe siècle, *de senatorio genere*.

C'est dans cette classe dirigeante qu'on trouve les hommes su-

[1] La profession de foi qui ouvrit ce concile fut souscrite par les évêques, les prêtres et les diacres ariens ainsi que par les Goths les plus illustres : *et Gothorum viri illustres et omnes seniores subscripserunt* (Act. conc. Tolet).

[2] E. BARET, *Revue des Sociétés savantes*, 1863.

périeurs de cette époque ,Léandre, Fulgence et Isidore, fils de Sévérianus, gouverneur de Carthagène.

Léandre, l'aîné de cette famille, fut l'initiateur de ses frères et exerça une grande influence, même près des Wisigoths encore ariens. Il avait professé la vie monastique, comme saint Grégoire, et était très lié avec ce grand Pape, qui le qualifie de *vir reverendissimus* [1]. Il fut un maître éminent, car son jeune frère Isidore écrit plus tard au comte Claude : « Souviens-toi de notre docteur commun Léandre, et imite selon tes forces sa foi et sa science ».

Comme docteur, Léandre organisa la liturgie espagnole que compléta saint Isidore, cette liturgie qu'on a nommée à tort *mozarabe* et qui est la liturgie *romano-gothique*. Il fut le promoteur de la vie monastique et sa Lettre à sa sœur sainte Florentine est un code de la vie religieuse pour les femmes. Ses *Discours*, celui de la conversion des Goths en particulier, prononcé au Concile de Tolède, montrent quel homme il fut. Sa latinité est sobre, et digne des plus beaux orateurs romains.

Mais ce qui surpasse tout, c'est le grand rôle qu'il joua dans les affaires publiques. Envoyé à Constantinople comme ambassadeur pour les affaires des Goths, il s'y attira l'admiration de tous. C'est là qu'il connut saint Grégoire, alors apocrisiaire de l'Eglise romaine ; il en reçut plus tard le Pallium et entretint avec lui une correspondance épistolaire. C'est à lui qu'on doit la conversion des Wisigoths.

Léandre mourut octogénaire en 596, sept ans après le concile de Tolède.

« Vous êtes, dit-il dans sa lettre aux vierges, l'essence supérieure du corps du Christ. Oui, vous êtes de toute la masse du corps du Christ des oblations agréables à Dieu, consacrées sur les autels du ciel. C'est à cause de votre but et de votre foi que toute l'Eglise a reçu le nom de vierge ; car vous êtes sa meilleure partie, la plus excellente, vous qui avez dédié au Christ l'intégrité de votre âme et de votre corps [2]. »

[1] Saint Grégoire lui dédia son livre des *Morales* sur Job, et son livre *Curæ pastoralis*.

[2] LÉANDRE, *Règle aux Sœurs*.

Fulgence fut évêque d'Asti, et disparaît un peu dans la gloire de ses deux illustres frères, Léandre et Isidore.

Ce fut Isidore qui succéda à son frère Léandre sur le siège d'Hispalis (Séville). Il devait y siéger pendant quarante ans. Un concile de Tolède l'appelle « le docteur de son siècle » et il le fut bien par sa science encyclopédique. Ses vingt livres des *Origines* ou *Etymologies*, sa *Chronique* depuis Adam jusqu'en 626 ; une *Histoire* des rois goths, des Vandales et des Suèves, suffiraient à consacrer sa renommée. Ses *Commentaires* sur les livres historiques de l'Ancien Testament, son *Traité des écrivains ecclésiastiques*, le *Traité des Offices ecclésiastiques* et ses *Homélies* en font un grand docteur.

Isidore fut le père des pauvres, la lumière des savants, le consolateur des malheureux et l'oracle de l'Espagne. Il continua l'œuvre de saint Léandre, et grâce à lui et aux grands évêques que nous allons nommer, l'Espagne se consolida dans l'unité que le concile de Tolède avait proclamée.

Son plus glorieux disciple fut saint Ildefonse que les Espagnols vénèrent sous le nom d'Alfonse et qui fut évêque de Tolède ; il est célèbre par son *Traité de la virginité perpétuelle de Marie.*

Tolède avait eu, avant Ildefonse, deux évêques du nom d'Eugène. Le premier fut un habile mathématicien et se distingua par ses calculs astronomiques. Il présida le cinquième, le sixième et le septième concile de Tolède.

Plus célèbre, son successeur, saint Eugène, fut un grand écrivain et un saint évêque. Il écrivit des *Traités* théologiques et des opuscules en vers et en prose. Il présida aux huitième, neuvième et dixième conciles de Tolède.

Un autre illustre écrivain de Tolède fut Julien, né de parents juifs, et archevêque de Tolède. Polémiste et historien, il avait un esprit aisé et fécond. Son *Traité contre les Juifs* est une de ces tentatives que l'Eglise cite souvent pour ouvrir les yeux à ce peuple déicide. Il y avait alors une synagogue à Tolède.

Il a écrit aussi les *Pronostica futuri sœculi*, et une histoire *De expeditione Wambœ regis in Paulum ducem Narbonensem* qui en fait un des plus utiles parmi les anciens historiens des Gaules. Cet ouvrage est remarquable par l'élégance de la forme, l'intérêt dramatique du récit et le relief des portraits. Il mourut en 690, presque à la veille de l'invasion arabe. On l'a confondu avec saint Julien, l'évêque de Tolède [1].

On croirait presque, à la vue de ces grands évêques de Séville et de Tolède, que la vie intellectuelle de l'Espagne a été concentrée sur ces deux points : l'antique Bétique, berceau et refuge de la civilisation romaine, et le jeune royaume des Wisigoths. Ce serait une erreur. Le royaume des Suèves, la Tarraconaise suivaient ce mouvement, mais nous ne faisons que toucher les sommités.

Saragosse avait eu aussi son grand évêque, saint Braulion, dont le nom même indique un étranger à Rome. Braulion seconda puissamment les travaux d'Isidore de Séville. Il assista aux cinquième, sixième et septième conciles de Tolède. Sa science était très étendue; il se fit pourtant, pour ainsi dire, l'humble satellite du docteur de Séville, soit en complétant son ouvrage *De claris Hispaniæ scriptoribus*, soit en lui envoyant ses *Lettres*, et en prononçant son *Eloge* après sa mort. En dehors, il ne reste qu'une poésie en vers iambique et une *Vie* de saint Emilien, car nous ne voulons pas lui assigner la suite de la chronique de Dexter.

Braga fut illustrée par saint Fructueux, qui passa sa jeunesse dans la vie monastique, avant de devenir évêque de Dune, puis de Braga. Ses écrits se rapportent surtout à la vie religieuse et à son ancien monastère de Complutum (Alcala de Hénarez). Mais son influence fut grande pendant ses années d'épiscopat.

La nation élevée par de tels hommes restait forte et puissante, au moins en apparence. Grâce à eux, la race des Wisigoths s'était assimilé les anciens possesseurs du sol, les races indigènes, les Suèves et les Alains. Les Suèves devenus catholiques n'étaient pas restés en arrière des Wisigoths. Le premier concile de Braga (563) consa-

[1] Après ces grands évêques, Tolède eut saint Félix, au début du règne de Witiza, puis Gonderic, dont l'épiscopat fut digne de ses prédécesseurs. Sindérède vint ensuite et eut la faveur du roi wisigoth. Rodrigue de Tolède dit que Sindérède, prévoyant l'arrivée des Arabes, et fatigué des insolences de Witiza, se réfugia à Rome (l. III, ch. XVIII).

cra leur soumission au catholicisme. Malgré leur soumission aux Wisigoths, ils conservèrent une certaine autonomie, même pour les sièges épiscopaux de leur nation, dont Mérida, l'ancienne métropole, ne reprit que momentanément quelques-uns. C'est un acheminement vers le futur royaume de Portugal.

Les Wisigoths conservèrent toujours, au contraire, dans leur sein un principe de révolte. Les lois de Receswinthe, roi éclairé et réformateur, représentent le royaume de Tolède, la patrie des Goths, comme plein de troubles et de scandales, bouleversé par les séditions, menacé d'une ruine prochaine. A chaque succession royale, l'élection du nouveau roi fut souvent l'occasion de ces troubles. Le clergé ne put abolir, chez les Goths, l'esclavage qu'ils regardaient comme une institution nationale. L'esprit de fiscalité avait passé aussi des Empereurs aux rois goths, avec les traditions de l'administration romaine, et les disciples surpassèrent leurs maîtres.

Un autre danger fut l'infiltration lente et continue des Juifs, assez nombreux pour attirer l'attention des conciles qui prennent souvent contre eux des mesures de défense. Des chroniqueurs les accusent même, peut-être à tort, d'avoir ouvert l'Espagne aux Maures. Il ne faut donc pas se laisser tromper par les apparences. Cette nation homogène, respectée de ses voisins, conservant les qualités militaires, en était arrivée à la plus brillante civilisation, mais portait un germe de destruction.

« Trompeur éclat ! écrit Dom Pitra. C'est un festin sur un sépulcre. Au-dessous, il y a une corruption profonde ; même le sel de la terre s'est affadi ; les beaux décrets des dix-sept conciles de Tolède sont des lambeaux de pourpre jetés sur des plaies ; le concubinage, enraciné dans le clergé arien des Suèves et des Goths, disparut mal après sa conversion. Les Lombards ont aussi subi cet ulcère qui s'attacha aux flancs d'un peuple hérétique. La virginité est impossible sans une foi intègre. N'est-ce pas le secret de ce phénomène qui effraya le monde chrétien, la chute soudaine d'une nation catholique tombant sous les pieds des musulmans [1]. »

[1] D. Pitra, *Introduction à la vie de saint Léger.*

Les rois wisigoths, en livrant souvent les dignités dans l'Eglise à leurs créatures, avaient favorisé ce mal. La contagion de cette démoralisation avait tout envahi. Les princes donnaient un triste exemple en se livrant sans frein à leurs passions. Sous Witiza, le mal en était venu à son comble [1]. Il est impossible de traduire le tableau effrayant qu'en fait un historien. Tout fut envahi par cette plaie honteuse, le palais, le peuple, l'armée, le clergé. L'historien montre comment Witiza, ce Néron de l'Espagne, non content d'exercer sa tyrannie, s'attacha surtout à corrompre le clergé, de peur, disait-il, que la sainte Eglise ne s'insurgeât contre lui. Pour mieux le tenir sous sa main, il mit à sa tête son fils Oppa, qu'il nomma en même temps aux sièges illustres de Tolède et de Séville. Cela fait, il rompit avec Rome, et défendit aux évêques d'obéir au Pontife romain *sous peine de mort*.

« Il y avait un vœu national, émané des rois goths, qui consacrait à la naissante suzeraineté de Rome la catholique Espagne, acte grave, invoqué sans contestation trois siècles plus tard [2] ». Witiza ne craint pas de s'y soustraire et la violation de ce vœu « est regardée comme une cause du triomphe de l'islamisme à Xérès [3] ».

Beaucoup d'auteurs ont parlé d'une révolte de Rodrigue, le fils d'un comte de Cordoue auquel Witiza aurait fait crever les yeux. Ce crime de Witiza n'est pas prouvé et encore moins la révolte de Rodrigue. Ce qui l'est mieux, c'est que Witiza voulut maintenir l'hérédité du trône dans sa famille et faire nommer un de ses fils pour lui succéder ; c'est aussi que, pour vaincre les résistances des seigneurs goths, il fit abattre les murs de toutes les places fortes, en dehors de Léon, d'Astorga et de Tolède qu'il avait sous son autorité directe [4].

[1] Le P. Tailhan (Les Espagnols du Haut Moyen Age dans la *Revue des Questions historiques*, avril 1882) essaie de disculper Witiza. Les preuves qu'il apporte sont du début du règne de ce prince, par exemple ses bonnes relations avec les évêques de Tolède. Il se tait sur la suite.

[2] Pitra, *ibid.*

[3] Mariana, *De rebus hispanicis.*

[4] Luc de Tuy, *Chronique.*

Fable insoutenable aussi que le mariage de Rodrigue avec la fille du comte Julien, gouverneur de la Tingitane, et que l'adultère qui aurait indisposé ce comte byzantin.

Il est hors de doute que Rodrigue fut appelé au pouvoir par une élection régulière à la mort de Witiza. La révolte vint plutôt des fils du dernier qui voulurent sans doute se maintenir à Tolède. Rodrigue fut non seulement élu, mais consacré par l'Eglise, comme les monnaies en font foi [2].

Les Romains de la Bétique, comme ceux qu'on appelait encore « les sénateurs »., prirent l'initiative de proposer Rodrigue ; mais les Wisigoths l'acceptèrent et l'élurent, à l'exclusion de la faction des fils de Witiza [2]. Rodrigue paraît avoir eu toutes les qualités d'un roi dans les circonstances ordinaires. Il montra une grande bravoure à défendre son royaume. Mais il fut malheureux par un concours de circonstances qui ne dépendaient pas de lui, et les Espagnols ne lui pardonnèrent pas.

Les musulmans ont été plus justes : « Quand la providence, dit l'un d'eux, met dans ta main le fil du bonheur, toutes les choses concourent à te rendre heureux ; tes ennemis viennent à ton aide, et s'il se présente quelque difficulté, la fortune prend soin de la vaincre et de t'aplanir le chemin. »

Note sur les chroniqueurs espagnols.

Avant de passer au récit des événements qui reposent sur la véracité des chroniqueurs, il sera utile de savoir quelle foi on peut leu accorder.

La chronique d'Isidore de Séville, qui avait ouvert la voie à ce genre de narration, a été continué par un chroniqueur qu'on a ap-

[3] On a des triens d'or frappés à son nom, avec la légende : *Rodericus rex in nomine Domini*; et à l'avers, sur l'un : *Toleto pius*; sur l'autre : *Egitania pius*. Ce mot *pius*, sur les monnaies des Wisigoths, désigne un roi élu et consacré.

[2] Isidore de Béja dit : *Hortante senatu*; la chronique d'Alphonse III : *Rudericus a Gothis elegitur*; le moine de Silos : *Rudericus consilio magnatorum in regnum successerat*. De même les autres chroniqueurs.

pelé *Isidore de Béja*, parce qu'on a attribué ce travail à un évêque de ce nom de l'ancienne *Pax*, dans la Lusitanie méridionale, devenue depuis Béja. D'après des recherches nouvelles, l'auteur anonyme de cette chronique si bien informée des choses arabes, serait de Cordoue. Le P. Tailhan l'appelle l'Anonyme de Cordoue.

« L'impartialité, dit-il, et la véracité du vieux chroniqueur latin éclatent à chaque pas de son histoire. Qu'il s'agisse des Sarrasins ou de ses propres compatriotes, il raconte le bien comme le mal dans un calme inaltérable... Son témoignage est d'ailleurs confirmé, en tant que de besoin, par ce que d'autres écrivains nous ont appris des brutales façons d'agir des Arabes en pays conquis... Comment dès lors le nier ou le révoquer en doute, en présence de la narration si claire et si précise d'Isidore de Béja [1]. »

Les trente premiers chapitres sont consacrés à continuer l'histoire des Wisigoths. Isidore raconte ensuite simultanément l'histoire sommaire des Califes de Damas et des émirs d'Espagne, en fixant les dates des Papes, de l'Hégire et de l'ère d'Espagne. Son style est plus emphatique dans la forme que dans le fond [2].

Un autre chroniqueur, *Luc de Tuy*, fut diacre puis évêque de cette ville, aux environs de Braga. Luc avait fait plusieurs voyages en Orient et ailleurs pour étudier les cérémonies religieuses des différents peuples. Ses récits, terminés en 1236, ont une grande valeur. Son style est d'un latin plus correct que celui d'Isidore; mais plus éloigné que lui des pays occupés par les Arabes, il est moins bien renseigné sur eux. Par contre, il l'est très bien sur les expéditions dans le midi de la France ou le nord de l'Espagne.

Rodrigue de Tolède, Rodrigue Ximénès, archevêque de Tolède, qui mourut en 1245, a écrit une *Histoire des Arabes en Espagne*.

La *chronique d'Albelda* a été écrite par Sébastien, évêque d'Orense,

[1] P. Tailhan, *Les Espagnols du Haut Moyen Age. Revue des Questions historiques*, mai, 1870.

[2] Prudencio de Sandoval a édité, en 1615, la chronique d'Isidore. Florez l'a reproduite dans son *Espana Sagrada*. Le P. Tailhan l'a publiée avec des observations et des notes en 1870.

vers 886 ; celle qu'on attribue à ce prélat serait d'Alphonse III, car elle est dédiée à Sébastien et le roi y parle à la première personne [1].

D'autres chroniques, en particulier des chroniques françaises, éclairent différents points.

[1] FIDEL FITA, *Boletin de la real Academia de la Historia*, oct. 1902.

IV

LA DOMINATION DES MAURES

Les peuples musulmans connus autrefois sous le nom de Sarrasins ou de Maures, selon le point où ils furent en contact avec les anciens, formaient comme une vaste monarchie, une confédération, pour parler plus justement, faisant sans cesse des progrès en Asie et s'étendant en Afrique jusqu'aux limites de l'Océan.

Les Vandales leur avaient ouvert la voie et s'étaient bientôt fondus avec eux, ainsi que les Maures de l'intérieur.

Entre l'Espagne et la redoutable invasion, il ne restait que la Tingitane, gouvernée au nom des empereurs de Constantinople, par un comte que les chroniqueurs appellent Julien, à l'exception de l'anonyme de Cordoue qui le nomme Urbain.

Les Maures ne pouvaient être arrêtés longtemps devant cet obstacle. Leur prophète leur avait annoncé la domination du monde et ils n'avaient d'autre raison d'être que l'envahissement et la conquête. Du reste, la mer n'était-elle pas ouverte à leurs navires? Mouça-ben-Nacer, l'émir d'Afrique, était occupé, l'an 712, à faire une descente en Sardaigne, et deux ans avant, les navires avaient abordé en Corse [1]. La Provence elle-même fut envahie par les

[1] Isidore de Béja dit dans sa chronique : *Insulas quoque prope ad consumptionem adduxit*. En 690, raconte Théophanes (*Chronogr.* à l'an 690) les Arabes avaient armé contre les Romains, venus au secours de l'Afrique, une flotte puissante et nombreuse, ξυνατώτερον καὶ πολον στὸλον. Il appelle σεπται le détroit de Gibraltar ; en arabe Sebtah, Ceuta.

Maures, et leurs bandes restèrent campées sur les sommets de l'Estérel.

Mouça, gouverneur des quatre provinces de l'Afrique musulmane, difficile à contenir en temps de paix, méditait une expédition dans les riches contrées de la Bétique. Il y était attiré par les richesses proverbiales de la Bétique et poussé par le comte de la Tingitane, Julien, qui espérait peut-être ainsi détourner les périls qui le menaçaient. On dit aussi qu'il avait près de lui les deux fils de Witiza, qui avaient fui avec Oppa l'indignation des Wisigoths.

Julien, en même temps, conseillait à Rodrigue de partir pour le Languedoc, encore soumis aux Wisigoths, parce qu'il s'y préparait un soulèvement ; d'après Guillaume de Catel, c'est lui-même qui l'avait préparé.

Les Maures pouvaient à peine croire à tant de perfidie chez un chrétien. Mouça voulut prendre ses assurances avant de tenter une expédition sérieuse. Il confia cette avant-garde à Taric-ibn-Ziyâd, qui avait pour le seconder Tarif-abou-Zara, Al-Cama et Munnuz. Après une traversée rapide sur quatre bâtiments, les envahisseurs débarquèrent en Bétique [1], au mois d'avril ou de mai 711, et dès l'arrivée, trouvèrent dans les Juifs de précieux auxiliaires [2]. La Bétique était dégarnie de troupes [3]. De Tolède, Rodrigue allait emmener son armée dans le midi de la Gaule, quand il apprit la trahison de Julien et la razzia opérée par Taric, qui avait parcouru le midi avec cent cavaliers et 400 fantassins.

Il n'était plus temps d'aller au secours de la Bétique, quand Rodrigue apprit cette descente des Arabes. Il n'avait à leur opposer que des troupes fatiguées du siège de Tolède. Les chefs du nord et de

[1] Le point de débarquement, d'après Casiri (*Bibl. arab.*, t. II, p. 182) fut Gibraltar, Djebel-el-Taric qui prit son nom de l'envahisseur : *Transmisso mari, montem qui ab illo nomen accepit, conscendit.* Jusque-là c'était une des colonnes d'Hercule.

[2] La tradition arabe l'affirme, ainsi que les chroniques espagnoles d'Alphonse III, du moine de Silos et de Luc de Tuy. Il faut ajouter que celle d'Albelda et l'Anonyme de Cordoue n'en disent rien.

[3] Luc de Tuy dit : *Ut cognovit quod equi et arma non erant in Hispania.*

l'ouest, peu soucieux du sort de la Bétique, demandaient à grands cris qu'on les laissât retourner dans leur pays- faire leurs moissons. Rodrigue dut renoncer à aller au devant d'un échec avec ce qui lui restait de soldats, et se hâta de rassembler ce qu'il put trouver de troupes, prévoyant bien une nouvelle invasion [1].

Taric revint en effet une seconde fois au printemps, avec des forces plus nombreuses, 25.000 hommes, et accompagné du nobilissime Julien, des deux fils de Witiza, de l'usurpateur du siège de Tolède, Oppa, et des Wisigoths qui les avaient suivis Rodrigue les attaque avec 60.000 hommes et pendant cinquante jours leur tient tête. Il leur tua 16.000 hommes dans ces combats [2].

Mais lui-même avait sans doute perdu beaucoup de ses soldats, quand Mouça, rassuré sur les dires de Julien, arrive à son tour, au mois de juillet 711, en Espagne avec une immense armée. L'émir d'Afrique reprend l'offensive avec des troupes fraîches. Rodrigue se jette sur l'ennemi avec son ardeur ordinaire et marche en tête des Wisigoths. Mais ses soldats, pressés par cette multitude, cèdent le terrain. Rodrigue est obligé de reculer aussi et de battre en retraite pendant plusieurs jours.

L'action se passait entre le Guadalete et le Guadalquivir, près de Xérès. C'est là que Rodrigue, abandonné des siens, finit par succomber. L'annaliste espagnol, Luc de Tuy, dit qu'on ne sait s'il périt sur le champ de bataille. Sa tombe se trouve à Viseu, en Lusitanie, avec cette épitaphe :

HIC REQVIESCIT RVDERICVS REX GOTHORVM

« L'entrée de l'Espagne était ainsi ouverte aux nôtres, dit un historien arabe ; mais là que de têtes furent moissonnées (qu'Allah nous protège !) par le glaive en Espagne jusqu'au jour actuel ! »

[1] Les villes attaquées et prises avaient été, d'après l'ensemble des chroniqueurs, Mesyula (Algéciras), Ecija, Rasya, Elvire (Grenade) et Cordoue. C'est aussi ce que dit le récit arabe, *Akhbar-Madjmoua*.

[2] *Rex autem Rudericus dum vidit dolos Juliani comitis Tingitani, et labores sensit, collecto Gothorum exercitu, armatus ut potuit acer et fortis primo subiit pugnam* (Luc de Tuy).

Mouça avait hâte de se diriger vers Tolède, où Târic avait poussé une pointe hardie. Théodemir gagna le royaume de Murcie, où il allait commencer cette lutte séculaire entre les Maures et les chrétiens qui fit la gloire immortelle de l'Espagne.

La Bétique entière était perdue [1] et cette magnifique province allait changer même de nom et devenir l'*Andalousie* [2]. Ses villes, ses fleuves allaient de même subir pour la plupart la loi du vainqueur et adapter leurs noms à sa langue. Hispalis devient Ischbiliya, Sévilla ; *Medina* est ajouté à d'autres ; l'*Oued* arabe mis devant les noms de fleuves fait du Léthé le *Guadalete*, du Bétis le *Guadalquivir*, etc. La langue même devait subir cette influence et prendre les sons gutturaux de la langue arabe pour la J, la X.

Mouça n'abusa pas de ses victoires ; il fit cependant un immense butin et cent mille prisonniers, si l'on en croit les Arabes eux-mêmes[3]. Mais il avait admiré la belle résistance des vaincus, et la politique le força sans doute à la modération.

S'étant rendu près du calife Soleyman pour lui rendre compte de sa campagne, il fut interrogé.

« As-tu trouvé dans tes conquêtes des peuples bien vaillants ?

— Seigneur, bien plus que je ne pourrais le dire.

[1] Aben Kesadi dispersa les restes de l'armée de Rodrigue et s'empara de Malaga. Mouça s'empara d'Assidonia, de Séville, de Béja, Carmone, etc., envahit l'Algarve et la Lusitanie, en se dirigeant vers Tolède. Les premiers gouverneurs arabes de Cordoue furent : Abul-Fadel-ben-Mouça, puis Abul-Walid-Hescham-ben-Abdallah ; Mohammad-Al-Giobbi (Casiri, *Bibl. ar. espagn.*, t. I, table).

[2] D'où vient ce nom ? Est-ce des Vandales d'Afrique qui seraient venus avec Mouça ? Jusqu'à l'arrivée des Arabes, le nom de Bétique a toujours été employé. Il paraît que les Arabes connurent d'abord les affaires d'Espagne par les Vandales d'Afrique qui avaient longtemps séjourné dans l'ancienne Bétique. De là, les Arabes désignèrent d'abord les deux côtés du détroit par le nom de *Baldd-el-Andalosch*, qui resta surtout à la Bétique.

[3] Lectis Hispaniæ senioribus qui evaserant gladium, cum auro argentove... vel insigniorum ornamentorum atque pretiosiorum lapidum, gemmarum congerie (Isid. de Béja, 38). D'après un chroniqueur arabe du XIe siècle, le chiffre des captifs présentés à Walid par Mouça, s'élevait à 100.000 (Dozy, *Recherches sur l'histoire d'Espagne*, I, 79).

— Eh bien ! parle-moi des chrétiens.

— Ce sont des lions dans leurs châteaux, des aigles à cheval et des femmes dans leurs bataillons à pied. Ils savent choisir l'occasion quand elle est belle; mais dans la défaite, ils s'échappent par les montagnes aussi vite que les chèvres; on ne voit pas leurs pieds toucher la terre. »

Nous croyons que Mouça ne fit que suivre la pratique habituelle des Arabes après la victoire, et promulguer le Fetwa usité depuis le califat d'Omar-ibn-el-Kattâb, formule que devaient souscrire les chrétiens des villes conquises [1].

« Lorsque vous avez marché contre nous, nous vous avons demandé l'amân pour nous, nos familles, nos biens et pour tous ceux de notre croyance. Nous avons pris, envers vous, l'engagement de ne construire dorénavant dans nos villes et leurs environs, ni couvents, ni églises, ni maison patriarcale, ni ermitages. Nous ne réparerons pas ceux de ces édifices qui seront en ruine, et non plus ceux qui se trouveront dans les quartiers musulmans. Nous ne refuserons point l'entrée de nos églises aux musulmans, ni pendant le jour, ni pendant la nuit. Nous en élargirons les portes pour en faciliter l'accès aux passants et aux voyageurs. Nous recevrons chez nous tout voyageur musulman, et nous l'hébergerons pendant trois jours. Nous ne donnerons point asile aux ennemis de l'Etat, ni dans nos églises, ni dans nos maisons, et nous ne cacherons aux musulmans rien de ce qui pourrait leur nuire. Nous n'enseignerons point le Coran à nos enfants, nous ne prêcherons point contre votre loi, et nous n'y appellerons personne. Nous n'empêcherons pas non plus aucun des nôtres d'embrasser l'islamisme, si telle est sa volonté. Nous traiterons les musulmans avec honneur et considération, et nous nous lèverons de nos sièges lorsqu'ils voudront s'asseoir.

« Nous ne nous assimilerons point à eux en quoi que ce soit, dans nos vêtements tels que le *calançona* [2], le turban, les chaussures,

[1] CASIRI, (*Bibl. arab. d'Espagne*, II), Conde dit que parmi les conditions honorables, il conserva plusieurs places-fortes. Il s'agit des *turres*, clochers des églises.

[2] Le calançona est un bonnet tout simple de la forme de la tête, que les musulmans devaient porter sous le turban.

et non plus dans la séparation ou l'arrangement de nos cheveux.

« Nous n'emploierons pas leurs expressions dans le langage [1], et nous ne prendrons pas leurs surnoms.

« Nous ne nous servirons point de selles sur nos montures; nous ne porterons point de sabres; nous ne fabriquerons point d'armes, et nous n'en porterons pas sur nous ; nous ne ferons pas graver nos cachets en caractères arabes ; nous ne vendrons point de liqueurs fermentées [2].

« Nous nous raserons les parties antérieures de la tête [3] ; nous conserverons dans nos vêtements les mêmes formes que par le passé ; nous porterons des ceintures au milieu du corps ; nous ne ferons point paraître nos croix et nos livres dans aucune des rues fréquentées par les musulmans, pas plus que dans leurs marchés [4].

« Dans nos églises, nous n'agiterons nos cloches que très doucement, et nous n'élèverons point la voix lorsqu'un musulman sera présent. Nous ne ferons point entendre nos chants en accompagnant nos morts. Nous ne montrerons point nos palmes et nos statues. Nous ne porterons point de cierges dans les rues. Nous n'enterrerons point nos morts dans le voisinage des musulmans [5].

« Nous ne prendrons point pour esclaves des individus qui sont échus en partage aux musulmans, et nous ne chercherons point à avoir vue dans la maison de ces derniers.

« Telles sont les conditions auxquelles nous avons souscrit, nous et tous les membres de notre nation, et en échange desquelles nous recevons l'amân. Si nous venions à enfreindre quelqu'une de ces conditions, acceptées par nous, les musulmans n'auraient plus alors aucun *zimmèt* à observer à notre égard et il leur serait per-

[1] Par ex. : Salâm aleïkorim, Merhaba, Hadretak, etc.

[2] On lit : Khoumour, de vin, dans un autre fetwa.

[3] Pour ne pas imiter les musulmans qui se rasent presque toute la tête.

[4] Les chrétiens avaient l'habitude de porter la ceinture de cuir. — Pour les croix, aujourd'hui encore en Orient, les zimmis couvrent la croix d'un voile ; les prêtres francs seuls l'ont toujours portée à découvert.

[5] On voit que les francs-maçons n'ont fait que copier ce fetwa, sauf le dernier point, qu'ils ont pris à rebours.

mis et licite de nous traiter comme des rebelles et des séditieux[1].

Si on étudie un peu ce Fetwa, on verra qu'aucun acte de la vie civile ou religieuse ne lui échappe. Ce n'était pas la servitude, mais une infériorité écrasante de tous les instants[2].

Il faut y ajouter les autres conditions survenues depuis le jour où il avait été publié, pour la première fois, le *djizié*, c'est-à-dire la capitation, ainsi exprimée : « Ils paieront quatre *muthqals* d'or à la fin de chaque année, soit chaque dinâr de onze *dirhems*[3]. » Les personnes qui n'avaient que des pièces d'argent, devaient payer 40 *dirhems*. Mais il était louable de demander plus. (Le *dirhem* est la drachme grecque. Il en fallait 20, plus tard 25 pour un denier, *dinar*).

Ajoutez encore la défense de bâtir de nouvelles églises ou chapelles, l'obligation de porter au cou un sceau de cuivre ou de plomb, et même une clochette pour aller aux bains. On limitait la hauteur des maisons ; on interdisait de montrer des choses défendues, comme le vin et le porc ; on interdisait le Pentateuque et l'Evangile, etc.

Les Maures, au début de la conquête au moins, évitèrent les violences ; c'était sans doute calcul intéressé de leur part[4]. Mais cette réserve ne dura pas longtemps, si on peut en trouver chez un autre que Mouça.

Si la loi eut cette sagesse, bien souvent les vainqueurs ne l'eurent pas. Nous verrons à Cordoue, et nous verrions partout, si nous voulions étendre le cadre de cette étude, les fanatiques protester contre ces concessions.

Ainsi nous lisons dans un conteur arabe, Ibn-al-Couthya, que le

[1] Le Zimmèt est le devoir (*Journal asiat.*, XVIII, XIX).

[2] Voir sur ces Fetwa, *la chronique de Grégoire Barhebræus* (Abulfaradje), t. I. Edit. de Louvain ; le *Journal asiatique*, IVe série, t. XVIII.

[3] Quatre muthqâls font actuellement 41 fr. 50 environ.

[4] Et encore faut-il beaucoup fermer les yeux pour rester dans cet optimisme. « En général la conquête ne fut pas une grande calamité... Au commencement, les musulmans pillèrent quelques endroits, brûlèrent quelques villes, pendirent des patriciens et tuèrent des enfants à coups de poignard (Doxy, t. II).

célèbre Tarik, pour répandre la terreur parmi les chrétiens, imagina d'en faire cuire quelques-uns et de les faire manger par ses soldats.

En pleine paix, Abd-el-aziz, le fils aîné de Mouça, rassemble dans son harem de Séville les filles des plus nobles familles, et soulève par son luxe insolent non seulement l'indignation des vaincus, mais aussi des vainqueurs. Il mourut assassiné, disent les uns, par le conseil d'Egilone [1], femme de Rodrigue qu'il avait enlevée, selon les autres, par ordre du sultan de Damas.

Ayoub, neveu de Mouça, avait trempé dans cet assassinat, et espéra succéder comme émir, mais il ne le fut qu'un mois.

Alhâur-ben-Abderrahman fut nommé émir par Omar avec des ordres précis. L'annaliste Isidore de Béja, dont toutes les assertions se trouvent confirmées par les historiens arabes, dit : « Alaor fixant son siège à Cordoue, la Patricienne, remet en ordre le gouvernement des Sarrasins ; tout ce qu'on avait arraché pendant la paix aux chrétiens, il le leur rend pour qu'ils payassent l'impôt au trésor public. Quant aux Maures qui continuent d'affluer en Espagne, il leur inflige des châtiments pour les trésors qu'ils avaient cachés ; il les fait lier, charger de chaînes... puis il les fait mettre à la question et flageller [2]. »

Mais Alhâur ne sut pas se maintenir longtemps dans la ligne que lui avait tracée Omar II. Il se souvint plus souvent de la parole d'Omar I, qui avait dit assez crûment : « Nous devons manger les chrétiens, et nos descendants doivent manger les leurs tant que durera l'Islamisme. » Le pouvoir d'Alhâur n'était que pour trois ans ; les califes prirent cette précaution pour que les émirs ne devinssent pas des rivaux. Avant de partir, ceux-ci voulaient s'enrichir. Sans doute Alhâur trouva que les impôts ne rendaient pas assez, et, comme il était louable d'exiger plus, Rodrigue de Tolède nous le montre plumant les chrétiens jusqu'au sang [3].

[1] Isidore de Béja, *Chronique*, 38.

[2] Isidore de Béja, 44.

[3] Rodrigue, chron. : *Emunctos usque ad exanitionem.* La Bétique était une des provinces les plus riches de l'Empire romain, et une longue paix y avait encore accumulé les richesses.

Les califes Ommyades étaient trop loin pour voir ce qui se passait, et ils se moquaient trop des chrétiens pour bien s'en inquiéter. Ceux-ci perdirent patience, et de temps en temps obtinrent justice. Leur malheur trouva le plus grand secours dans la rivalité des Maures et des Arabes.

Après Alhâur, Zama suivit ses exemples.

Parmi les émirs qui suivirent, Ambiza (721-726), Abd-er-rahman (731-734), Abd-el-Mélik (734-737), persécutèrent les chrétiens, même les plus soumis. Ils leur firent subir des avanies de toute sorte et continuèrent à les piller. L'homonyme de ce dernier, le cinquième calife ommyade, avait été appelé « l'écorcheur de pierres » à cause de son avarice [1].

[1] Il est très difficile de faire le départ de ce qui fut le fait des Arabes ou des Maures dans les vexations contre les chrétiens.

V

LES EXPÉDITIONS DES MAURES CONTRE LES PRINCES CHRÉTIENS

L'invasion des Maures en Espagne n'avait pas été limitée à l'occupation des riches territoires de l'Andalousie. Les califes d'Orient se servirent deleurs ardeurs belliqueuses pour l'invasion de tous les Etats chrétiens qu'ils rêvaient. Au lieu de s'avancer par mer, ils comptaient bien faire le tour de la Méditerranée, maintenant que la porte leur était ouverte, et rejoindre par là leurs conquêtes en Orient. Ils pouvaient compter sur les Maures d'Afrique pour la guerre et le pillage.

En face d'eux, Théodemir, le premier, organisa la résistance dans les montagnes de Murcie. Il livra bataille aux Maures sous les murs de Lorca, puis recula vers Murcie et Orihuela qu'il ne rendit qu'à de bonnes conditions. Voici comment un historien arabe raconte ce dernier fait d'armes : « Après la défaite des chrétiens, et la mort de Rodrigue, Théodomir, élu pour le remplacer, se retira avec les débris de son armée dans la plaine d'Orcelles qui était ouverte de tous côtés — (la plaine qui s'étend de la Segura jusqu'à la mer). Les Arabes s'en étant aperçus, se précipitent sur les ennemis et en tuent la plupart. Après cette attaque, Théodemir effrayé et craignant tout des Arabes, se réfugia avec un petit nombre des siens dans la ville d'Orcelles, fit prendre les armes aux habitants, même aux femmes, et obtint la vie sauve avec de bonnes conditions pour la ville.

Théodemir ne se fiait pas sans doute à cette convention passée avec Abd-el-Aziz : il partit pour l'Orient, afin de la faire ratifier par le calife Walid. L'émir-al-Moûminim fut flatté et admira cette prudence ; il confirma la convention d'Orihuela et Théodemir put rentrer dans son royaume avec une position désormais assurée. Outre l'estime du calife, il remportait celle des chrétiens d'Orient qui admirèrent la constance de sa foi et son amour pour les saintes Ecritures [1].

Son successeur Athanagilde ne sut pas conserver cette belle position : son amour du faste et une attaque contre Alhâu furent payés d'une amende énorme et de sa vie. C'est loin de là qu'il faut se transporter, jusqu'au nord de l'Espagne, pour voir paraître un autre héros.

Pélage était un des meilleurs guerriers de Théodemir. On dit qu'il était fils de Favila, duc de Cantabrie, et proche parent du roi Rodrigue. Il avait entraîné avec lui des guerriers espagnols, après les défaites dans le midi, et tous s'étaient réfugiés dans les monts d'Asturie. La grotte et les gorges de Covadonga étaient leur forteresse. Les Asturiens se rassemblèrent autour de lui et le proclamèrent roi.

Si peu redoutable que pût paraître ce nouveau roi, les Maures s'inquiétèrent. Les uns disent que Pélage consentit d'abord à payer un tribut pour être laissé en paix ; peut-être ne sentait-il pas son armée assez forte pour entrer en lutte. C'était en 716. Bientôt des fugitifs arrivent de tous côtés et viennent renforcer la poignée d'hommes qu'il avait.

Cette fois les Maures comprennent qu'il faut agir avec vigueur. Une armée de 80.000 hommes se met en marche sous celui que le chroniqueur de l'émir Alhâur [2] appelle Al-Canan. Oppa, l'évêque intrus de Tolède, l'autre fils de Witiza et Julien lui-même, retenus comme otages par les Maures, accompagnent l'armée. Oppa est même envoyé à Pélage pour lui conseiller de se rendre.

Pélage répond fièrement à Oppa que c'est lui et son père Witiza

[1] Isidore de Béja, *Chronique*, n° 38.

[2] Alhaûr avait pris pour femme la veuve de Rodrigue, Egilone, qui lui conseilla de se rendre indépendant en Espagne.

qui sont cause des malheurs de l'Espagne. « Nous espérons, continue-t-il, que Dieu nous conservera pour défendre la foi catholique. Dans cette caverne est la plus grande partie de l'armée des Goths ; c'est de là que sortira le germe qui fera revivre l'Espagne. Avec l'aide de Dieu et de sa sainte Mère, nous méprisons la multitude des païens. »

Pélage se renferme avec les siens dans la caverne et se prépare à une résistance désespérée. On dit qu'une apparition de la sainte Vierge vint l'assurer de la victoire. Les chrétiens se recommandèrent à sa protection et lui témoignèrent après la victoire leur reconnaissance, en consacrant la grotte à son culte ; on l'appelle encore *Sainte-Marie de Covadonga*, et les Espagnols y voient avec raison le sanctuaire national par excellence.

Retourné vers les musulmans, Oppa les presse d'attaquer, en leur disant sans doute qu'ils ont affaire à une poignée d'hommes [1]. Les Maures attaquent en effet avec leurs frondes et leurs flèches. Mais les pierres des frondes et les flèches retournent contre eux et mettent le désordre dans leurs rangs. Pélage alors s'élance à la tête de ses guerriers et, dans les gorges de Covadonga, fait un affreux carnage de musulmans. On dit que 20.000 tombèrent sous ses coups et qu'Oppa fut fait prisonnier.

L'émir musulman irrité fit mettre à mort les fils de Witiza et le comte byzantin de la Tingitane, puis il s'enfuit honteusement avec les 60.000 h. qui lui restaient. Mais il ne put échapper au désastre qui devait être complet. Il avait à franchir la Déva ; cette rivière était débordée, et la plupart de ses Maures périrent en essayant de la franchir. Alhaûr ne put emmener que des débris de sa grande armée, et à son tour il fut mis en disgrâce.

Tel est le récit du chroniqueur Luc de Tuy.

Avant cet événement, Alhaûr avait, avec ses Maures, parcouru l'Espagne, amassant les dépouilles des vaincus, arrachant par les supplices l'aveu des trésors cachés, jetant les chrétiens dans des prisons infectes. Les chroniqueurs se réunissent pour dire sa

[1] Rodrigue de Tolède (l. IV, c. 11).

cruauté. Pendant trois années après le départ de Mouça, il resta le seul maître de l'Espagne et la parcourut dans tous les sens avec ses bandes victorieuses, âpres au gain et versant le sang à flots [1]. Alhaûr réussit même à franchir les Pyrénées et s'avança jusque dans la Narbonaise.

Relevé de son commandement triennal, il céda la place à l'émir Al-Zama ; celui-ci régularisa le pillage en partageant les terres à ses soldats et en réservant le tiers pour le fisc, tant en Espagne que dans la Narbonaise. Narbonne était tombée en son pouvoir [2] et de là il faisait des incursions sur les terres des Francs.

Al-Zama, dans une de ces expéditions, s'avança sur Toulouse et en fit le siège. Eudes, duc d'Aquitaine, accourut au secours de la ville (721), et attaqua l'armée des Maures. Al-Zama fut tué dans la bataille, et une grande partie de son armée écrasée. Le reste s'enfuit, poursuivi par Eudes, et choisit pour chef Abderahman avec le titre d'émir. Mais le calife de Damas n'accepta pas ce choix et envoya Ambiza-ben-Sohim comme émir.

Ambiza, comme ses prédécesseurs, se préoccupa d'abord de pressurer les vaincus ; ceux qui s'étaient soumis volontairement eurent à payer l'impôt ordinaire, les autres le payèrent double. Il put avec ces ressources reconstruire le pont de Cordoue. Une circonstance vint le favoriser. Un juif avait persuadé à ses coreligionnaires qu'il était le Messie, qu'il leur fallait tout quitter pour retourner avec lui dans la Terre Promise. Ils le firent ; sans perdre de temps, Ambiza s'empara de leurs terres et en enrichit le fisc.

En 724, Ambiza voulut reprendre les projets de ses prédécesseurs et envahir la Gaule. Toujours maître de Narbonne, il se dirigea avec une puissante armée vers Carcassonne dont il s'empara. Nîmes se rendit, et bientôt l'armée musulmane atteignit les bords du Rhône. Ambiza y fut tué dans un combat, et ses troupes choi-

[1] Luc de Tuy place à l'an 716 la prise de Léon, après une héroïque résistance des Galiciens, puis celle de Tolède, le jour des Rameaux, par la trahison des Juifs. Gérone tomba au pouvoir des Maures en 717.

[2] La chronique de Moissac dit qu'il fit périr tous les hommes et qu'il emmena en Espagne les femmes et les enfants.

sirent à sa place Hodéïra-ben-Abdallah, que lui-même avait désigné.

L'émir nommé par le calife de Damas fut Yahia-ben-Sulema. Les chrétiens d'Espagne trouvèrent enfin un justicier. L'impartial chroniqueur le reconnaît. Il exigea des Arabes et des Maures la restitution des biens enlevés en temps de paix. Les impôts furent maintenus et ils suffisaient bien. A Damas, le calife Hescham soulevait l'indignation des Arabes mêmes par son avarice : il tira d'Orient et d'Occident des sommes fabuleuses, *quanta nullo unquam tempore a regibus qui ante eum fuerant exstitit congregata* [1]. Hescham fut le père du premier calife de Cordoue. Avec lui l'anarchie paraît avoir régné partout dans l'empire arabe.

Le successeur de Yahia fut Odéïfa, homme nul qui ne satisfit personne. Le calife le fit remplacer par Othman-ben-Abû-Néza qui lui-même ne fut que quelques mois émir. Alhaytan-ben-Obéïd-el-Kénam arrive alors et prend parti pour la faction des Maures ; il fait jeter en prison les chefs arabes comme rebelles ; l'un d'eux, nommé Zat par le chroniqueur, un des plus riches de Cordoue, est torturé par ses ordres. C'est la lutte ouverte entre Maures et Arabes. Un envoyé du calife Muhamad-ben-Abdallah arrive pour le déposer et mettre à sa place Abderahman-ben-Abdallah, le général qui avait sauvé les débris de l'armée près de Toulouse. Mais Abderahman avait disparu. Alhaytan est jeté en prison, fouetté, promené sur un âne, et finalement remis en prison où on finit par l'oublier. Pendant ces délais, Abderahman reparaît et prend en mains le pouvoir. Mais la rivalité entre les Arabes et les Maures ne s'apaise pas et un de ces derniers, Othman-abû-Néza, l'ancien émir [2] fait appel au duc d'Aquitaine, Eudes, le vainqueur de Toulouse, et lui demande sa fille en mariage, comme gage d'alliance. Othman est un allié assez peu recommandable pour un prince chrétien [3]. Il se réfugia, après sa révolte, dans la Cerdagne et versa

[1] Isidore de Béja, *Epitoma Imperat.*, 55.

[2] Othman abu Néza est appelé Muniz par les chroniqueurs espagnols et Munnos par les Français.

[3] Les chroniqueurs français prêtent à Eudes des vues d'ambition pour se soustraire à l'influence des Francs Austrasiens. (*Chronique de Saint-Maixent*, en 731).

à flots le sang des chrétiens de ce pays. L'évêque de Julia Livia (près de Puycerda actuel) fut massacré avec les jeunes gens de la ville. Abderahman accourt, fait le siège de la ville. Othman s'en échappe, mais bientôt poursuivi dans les rochers voisins, il trouve la mort dans le suicide.

La révolte étouffée, Abderahman qui se trouve avec une grande armée sur les frontières de la France, n'hésite pas à reprendre les projets d'invasion d'Alhaûr. L'alliance du duc Eudes avec le révolté lui en fournit l'occasion. C'était conforme à ses instincts belliqueux et le meilleur moyen de maintenir l'union entre les Maures et les Arabes. Aussi, à son appel, les renforts arrivent en foule, et il se trouve bientôt à la tête d'une immense armée. Il commence par détruire tout ce qui est sur les versants des Pyrénées, villes, monastères, puis il pénètre dans l'Aquitaine.

Laissant de côté Toulouse dont ne parlent pas les chroniqueurs, la formidable invasion prit Bordeaux, Saintes, puis se tourna vers Eudes qui essaya de résister au-delà de la Dordogne. Abderahman pilla Poitiers, brûla la basilique de Saint-Hilaire, prit Périgueux, Limoges, et arriva aux *portes de Tours*, assuré d'y faire un riche butin [1]. Eudes, après sa défaite, s'était enfui vers le duc des Francs, Charles Martel. Celui-ci vit qu'il n'y avait pas de temps à perdre, rassembla une forte armée, et chargea Eudes de ramener ce qu'il pourrait des forces éparses dans le midi.

Les deux armées se trouvèrent bientôt en présence à peu de distance de Tours. Pendant sept jours, des combats d'avant-garde permettent aux deux rudes adversaires de se tâter. Enfin la bataille s'engage. « Le duc d'Aquitaine volait partout en dehors de cette vaste inondation, attaquant, harcelant, repoussant, poursuivant les multitudes, à mesure qu'elles s'affaiblissaient à l'extrémité de cette vaste bataille. Et en même temps, Charles restait comme un rocher de fer, immobile sous cette énorme irruption. Les Sarrasins s'étaient dix fois brisés sur ses Gaulois et ses Allemands armés de

[1] « Dum Turonensem ecclesiam, palatia diruendo et ecclesias ustulando deprædari desiderat » (Isidore de Béjà, 59). — Moins bien informé, Rodrigue de Tolède assure que l'ennemi avait pillé Tours.

leurs haches tranchantes et de leurs petites lances. Charles semblait vouloir épuiser de la sorte la fureur impétueuse des barbares. On eut dit qu'il attendait le moment de la victoire, comme si elle n'avait pu manquer à son génie. Tout à coup une immense clameur part du camp des Sarrasins. Là paraît une vaste image de confusion et de fuite. C'était Eudes qui, poussant les barbares à mesure qu'ils se précipitaient sur l'armée de Charles, avait fini par entrer dans leur camp, et frappait à mort ceux qui le gardaient, femmes, vieillards, enfants. Les gémissements et les cris des vaincus, mêlés aux acclamations des vainqueurs, firent bientôt une horrible confusion. Et alors Charles commença à faire mouvoir son armée jusque-là à la même place. Les Sarrasins rentrent en masses, désordonnées dans leur camp. Ils y trouvent un affreux spectacle de massacres [1] ».

Le récit est celui d'Isidore de Béjà avec plus de talent. Celui-ci parle de la « muraille immobile » que formait l'armée de Charles « semblable à une ceinturede glace ». Mais il ne parle pas du concours donné par Eudes. La nuit avait mis fin à la bataille. Abdérahman était tombé frappé à mort. Au matin, l'armée de Charles s'avança et, voyant debout les tentes innombrables, se prépara au combat. Bientôt des éclaireurs reviennent annoncer que le camp était vide. Pendant la nuit, les ennemis s'étaient enfuis. Charles ne voulut pas les poursuivre. Le carnage avait été assez grand pour les arrêter longtemps [2]. Il se contenta de mettre le camp des musulmans au pillage en faveur de ses soldats [3]. La bataille se livra en 732.

[1] LAURENTIE, *Histoire de France*, t. I, p. 252.

[2] Beaucoup des musulmans fugitifs ne rentrèrent pas en Espagne. Sans doute Eudes les poursuivit.

[3] Où se livra cette grande bataille ? Les uns la placent en Poitou, à Moussais la Bataille, à cause des armures qu'on y a trouvées. Mais les Sarrasins, armés à la légère, n'en avaient pas. Nous croyons qu'ils étaient arrivés plus près de Tours qui était menacé, puisque Rodrigue de Tolède dit, à tort du reste, qu'elle avait été prise. L'ennemi était campé sur les landes de Miré, en avant de l'Indre. L'hésitation de Charles Martel, après sa victoire, montre que ce camp était bien assis. Le Véron a conservé une population à part qui fut composée, croit-on, de Sarrasins fugitifs.

L'Espagne, en l'absence de ses oppresseurs, s'était reprise à respirer. Aussi, quand le nouvel émir Abd-el-Mélik y arriva, il la trouva semblable, dit le chroniqueur, à une grenade bien mûre ; mais il sut bien vite en exprimer tout le jus et la dessécher, *ut paulatim... maneat exsiccata*. L'émir essaya une expédition infructueuse contre Pélage, toujours retranché dans les monts des Asturies. L'émir fut déposé à la suite de cette défaite, et Ocba-ben-Hahegag lui succéda.

Pélage, sobre, ennemi du luxe, courageux et d'une grande piété, était bien le prince prédestiné pour le relèvement de sa patrie. Il règna dix-huit ans et mourut en 737, après avoir formé avec les braves réfugiés près de lui ce noyau de résistance qui devait reconquérir l'Espagne [1]. Il avait chargé Urbanus, évêque de Tolède, de transporter dans les Asturies ce qu'on put sauver des reliques et des livres saints. Favila succéda à Pélage et continua la lutte, aidé par la diversion que créaient les guerres des musulmans en France.

Ce serait sortir de notre cadre de raconter au long ces dernières. Charles Martel, selon la coutume des Francs, faisait chaque année une expédition nouvelle. En 733, il alla, mais inutilement, attaquer Narbonne, toujours au pouvoir des Sarrasins.

En 737, les Sarrasins, comme on les appelait alors, s'avancèrent jusqu'à Avignon. Charles envoya contre eux le duc Hildebrand, avec d'autres ducs et comtes ; il les suivit bientôt, reprit Avignon et s'avança jusqu'à Narbonne [2]. Une armée ennemie était arrivée par mer pendant cette marche et avait été culbutée dans une vallée des Corbières, près du fleuve Byrrha (la Berre). Charles ne pouvant prendre Narbonne, laissa une partie de son armée en faire le siège. En s'en retournant, il détruisit Béziers, Agde et Nîmes qui avaient ouvert leurs portes aux Sarrasins. Cette victoire porta le dernier coup à la puissance musulmane en France [3].

[1] La même année mouraient deux hommes qui l'avaient secondé dans son œuvre de restauration, Urbanus, évêque de Tolède, et Evantius.

[2] Frédégaire ; — D. Vaissette, *Hist. du Languedoc*, t. I ; *La chronique d'Aniane ;* le moine Haymon, l. IV, ch. LVII.

[3] Les musulmans conservèrent cependant Narbonne jusqu'en 759, où ils en furent chassés par Pépin le Bref.

Ocba-ben-Hahegâg avait reçu mission, d'après un historien arabe, de traiter durement les chrétiens. Il prit des mesures dès son arrivée pour remplir son mandat, et bientôt toute l'Espagne trembla sous sa tyrannie. Il fait emprisonner Ab-del-Mélik, son prédécesseur, condamne à de fortes peines ceux qui avaient commandé sous ses ordres, prend des mesures pour faire respecter la loi mahométane, fait un recensement, impose des tributs, transporte en Afrique ceux qu'il a condamnés. Le fisc s'enrichit, et bientôt il peut entreprendre une expédition pour réparer la grande défaite essuyée près de Tours [1].

Il était déjà arrivé à Saragosse et une flotte nombreuse le secondait, quand il apprend que les Maures se sont révoltés [2]. En toute hâte, il revient à Cordoue et se dirige vers le détroit de Gibraltar. Dès que sa flotte est arrivée, il passe en Afrique et y rétablit l'ordre par le massacre des rebelles. Rentré en Espagne, il y meurt bientôt au milieu d'une nouvelle révolte.

A sa mort, les Maures reprirent le dessus, tirèrent Abd-el-Mélik de prison et le choisirent pour émir. La guerre civile éclatait dans tout l'empire musulman et devait durer une vingtaine d'années. Ce fut le salut du monde chrétien. Le calife envoya en Afrique une immense armée sous la conduite de son frère Ali, avec le titre de Sultan. L'armée arabe s'avança jusqu'aux environs de Tanger. Les Maures s'élançant de leurs montagnes à demi-nus, tombent sur elle près de la Mafana [3]. Une grande bataille s'engage : la cavalerie arabe est mise en fuite et l'armée entière se disperse. Le Sultan est mis à mort, et un tiers seulement des vaincus, se mettant sous la conduite de Baldj-ibn-Baschir, passe en Espagne, avec Thaâlaba-ibn-Saléma et plusieurs autres scheiks arabes.

[1] Il s'empara de Pamplune, mais n'y mit pas de garnison ; il attaqua les Asturiens et les força de se retirer dans leurs montagnes et de payer un tribut.

[2] Ils s'étaient révoltés contre le calife, avaient battu ses troupes et pris la ville de Tanger.

[3] Le récit d'Isidore de Béjà montre qu'avec ces Maures étaient des nègres n'ayant pour tout vêtements que des pagnes, *præpendiculis tantummodo ante pudenda præcincti*, et que la vue de leur peau noire et de leurs dents blanches effraya les chevaux.

Abd-el-Mélik essaya en vain de s'opposer au débarquement de l'armée arabe en fuite. Les arabes se partagèrent en trois troupes : l'une se dirigea vers Tolède, l'autre vers Cordoue pour s'emparer de l'émir usurpateur, la troisième reprit la mer vers Ceuta pour essayer de sauver les débris des deux autres corps d'armée. Abd-el-Mélik fait attaquer la troupe qui se dirigeait vers Tolède par son fils Hémely. Il attaqua la seconde et parvient avec de grandes pertes à la disperser. La troisième troupe était parvenue à Messula pour s'emparer des navires, mais Baldj la mit en déroute. Abd-el-Mélik effrayé écrivit à Baldj de se retirer ; mais celui-ci marcha sur Cordoue, y pénétra et fit mettre à mort Abd-el-Mélik.

Ce fut la guerre civile déchaînée en Espagne entre Maures et Arabes. Il serait fastidieux de la décrire en détail ; il suffira de dire les faits principaux.

L'émir d'Afrique envoya Husam au secours des Maures d'Espagne. Husam arrêta Thaâlaba et l'envoya à Tanger. Baldj fut tué dans un combat. Samaïl, autre cheik venu avec Baldj, se mit à la tête des mécontents (742). Husam pris par les rebelles fut emprisonné à Cordoue. Un nommé Thuebâ se fit un parti ; Husam fut délivré. Samaïl accourt et assiège Cordoue ; Husam est tué dans une sortie. Thuebâ et Samaïl se partagent l'Espagne ; Thuebâ garde Cordoue, mais il meurt peu après. Yusuf est élu par les scheiks pour lui succéder.

Amer-ben-Amram se révolte (749). Quatre ans plus tard, il prend Saragosse dont Yusuf avait fait sa capitale (753). L'Espagne est remplie de troubles. Les scheiks envoient en Afrique offrir la couronne au jeune Abd-er-rahman, descendant du dernier calife ommyade de Damas, Hescham. Yusuf reprend Saragosse. Abd-er-rahman arrive (755). Yusuf fait massacrer Amer. Il est battu ainsi que Samaïl par Abder-ahman qui entre à Cordoue. En 756, Yusuf, encore vaincu, se soumet de l'avis de Samaïl.

Dans ces convulsions de la domination agonisante des Maures, l'Espagne eut à souffrir des deux partis en lutte.

Le successeur de Pélage, dans les Asturies, Favila, paya aux Maures un tribut déshonorant. Le gendre de Pélage, Alphonse le

Catholique, reprit les armes. Il prit ce titre comme descendant de Récarède, le roi catholique des Wisigoths. Aidé de Froïla, il reprit plusieurs villes aux Maures. Ainsi Lugo, en 740, a un évêque et prend le titre de métropole. En effet, le roi Alphonse, à chaque ville reconquise, réparait les églises souillées par le culte musulman, y rétablissait l'évêque et le clergé, rendait sa splendeur au culte catholique [1]. En 757, il meurt au moment où Abderahman est installé à Cordoue.

Les fils de Yusuf s'étaient emparés de Tolède. Abderahman reprend cette ville (758) et menace de près le petit royaume des Asturies. Froïla se rend tributaire comme l'avait été Favila. Cependant, deux ans après, il remporta en Galice une grande victoire sur l'émir Omar, en même temps que Tolède se révoltait. Froïla mourut en 768 et Aurèle lui succéda. Mais ni lui ni Silo ne furent de la race des grands libérateurs, encore moins l'usurpateur Mauregat. C'était, s'ils l'eussent voulu, le temps de profiter des révoltes contre l'autorité du calife de Cordoue, à Jaën et dans les Alpujaras, et des discordes de ses fils.

[1] Luc de TUY, *Chronique*.

VI

LES EXPÉDITIONS DE CHARLEMAGNE ET LE PÈLERINAGE DE COMPOSTELLE

La guerre survenue entre les Maures et les Arabes était une occasion favorable pour les princes chrétiens, ceux d'Espagne et ceux de France. Les ennemis eux-mêmes firent appel à leur concours. Suleyman, qui gouvernait à Barcelone, Girone et quelques villes voisines, se soumit à l'autorité de Pépin le Bref en 755 [1]. Mais cette soumission ne fut sans doute qu'un moyen de rester indépendant pour ce prince musulman. Plus tard les habitants de Girone s'en souvinrent, nous le verrons. Mais un autre appel eut plus d'importance.

En 777, pendant que Charlemagne était à Paderborn, un autre émir dissident, Ibn-el-Arabi, arriva en personne et vint réclamer son assistance pour recouvrer la cité de Saragosse, dont il se déclarait souverain. Ce fut la cause d'une expédition qui, pour le génie de Charlemagne, avait plus de portée que de venger l'injure d'un sarrazin dépossédé par son calife. Il franchit pour la première fois les Pyrénées, et en peu de temps il soumit à ses armes Pamplune et Saragosse [2]. Ce fut au retour, que des traîtres attaquèrent l'arrière-garde de son armée à Roncevaux (Roscida vallis).

En 785, les habitants de G[illegible]one s'emparèrent de leur ville et ap-

[1] *Annales de Metz*, à l'an 755.

[2] Saragosse fut reprise la même an[illegible]e par Abderahman (778).

pelèrent à leur secours Charlemagne [1]. L'année suivante, il franchit de nouveau les Pyrénées, vainquit l'émir Mohamed, et s'empara de la ville [2]. Girone jusque-là avait dépendu de Empurias. Charles y laissa des comtes particuliers.

Des chroniques, et le grave historien du Béarn, de Marca, les cite, racontent que des signes célestes accompagnèrent la prise de cette ville. Pendant le siège, on vit une pluie de sang tomber du ciel et des armées célestes secourir les chrétiens. Une croix de feu apparut aussi dans les airs. Les habitants de Girone, dans leur reconnaissance, célébrèrent plus tard la fête de saint Charlemagne, leur libérateur.

L'Eglise n'a pas eu à se prononcer sur ces prodiges, mais il est un autre fait de l'ordre surnaturel qui eut une immense influence sur la résistance opposée par les chrétiens d'Espagne aux envahissements des musulmans. Ce fut la protection manifeste de saint Jacques, l'apôtre et le patron de l'Espagne. Cet appui d'en haut vint rendre le courage aux malheureux si longtemps opprimés.

Le fait même de la translation du corps de saint Jacques le Majeur, en Espagne, au VIIIe siècle, est indubitable, si les circonstances dont on a entouré cette translation peuvent prêter à la critique [3]. Cette riche acquisition faite par l'Espagne eut un grand retentissement et attira aussitôt les pèlerins en foule.

Charlemagne dut prendre des dispositions pour les protéger au passage des Pyrénées ; il fonda en ce but des monastères qui avaient une hôtellerie pour recevoir les pèlerins. Il établit ainsi à Saint-Jacques de Valcarlos des moines bénédictins pour desservir un hospice destiné aux pèlerins. Ce monastère fut détruit en 921 par les

[1] *Annales d'Aniane*, à l'an 785. Chronique de Moissac. Chronique de Saint-Victor de Marseille.

[2] Chronique de Ripoll, à l'an 786. Cependant Girone fut reprise par les Arabes en 791, dans une expédition dans le midi de la France. Ils s'avancèrent jusqu'à Carcassonne.

[3] Les martyrologes fixent cette translation au 30 décembre. Récemment on a fait l'ouverture du tombeau et trouvé le corps de saint Jacques et de deux de ses disciples.

Arabes, lorsqu'ils envahirent le midi de la France. Les moines eurent le temps de s'enfuir, mais ne trouvèrent plus à leur retour que ruines et désolation. Ils descendirent alors du col d'Ibañeta à Roncevalles où ils construisirent un nouvel hospice et un monastère autour d'un sanctuaire de la sainte Vierge.

Roncevalles (Roncevaux) est situé à l'entrée d'une magnifique vallée. Charlemagne y avait élevé une chapelle dédiée au Saint-Esprit sur la tombe de ses preux, et l'avait confiée aux moines du Saint-Sauveur de Ibañeta [1]. On l'appela l'hôpital de Roland, *hospitale Rotolandi*.

En 1126, Don Sanche de la Rosa, évêque de Pampelune, témoin des fatigues endurées par les pèlerins au Port de Cise, entreprit de relever l'hospice de Saint-Sauveur qu'il dota convenablement. Il agrandit l'hôpital de Roncevaux, qu'il appelle dans un acte *capilla de Carlomagno*. Il devint un des quatre grands hospices du monde catholique, sous le nom de *Hospitale generale*. Les religieux portaient comme insigne une croix surmontée d'une crosse. En 1006, il y avait à Roncevaux un prieur, des chevaliers et des religieux coadjuteurs (Bulle de Jean XVII). Ces derniers devinrent bientôt des chanoines qui continuèrent à porter la croix verte [2].

Les chevaliers, placés là pour prendre la défense des pèlerins, suivirent une règle et ne tardèrent pas à former un ordre militaire, comme il s'en établit à Jérusalem, près de l'hôpital de Saint-Jean. En 1140, l'archevêque de Vienne, plus tard pape sous le nom de Calixte II, passa à Roncevaux, et le mentionne dans son *Codex Compostellanus*.

A partir de là jusqu'à Compostelle, la route était sillonnée de monastères qui donnaient l'hospitalité aux pèlerins de plus en plus nombreux.

Nous ne les énumérerons pas tous, bien qu'il soit facile de les reconnaître à leur filiation de Cluny. Le grand monastère bourgui-

[1] Le nom primitif était S. Salvator de Ausia. Au xe siècle, il est appelé *nobile et regale monasterium*.

[2] La règle de saint Augustin fut établie à Pampelune par D. Pedro de Rosa, en 1087. Elle le fut peu après à Roncevaux (Bulle d'Innocent II de 1137).

gnon avait tenu à fournir aux pèlerins français une hospitalité française sur le chemin de Saint-Jacques. Nommons les principaux.

Nous avons près de Burgos Saint-Pierre de Cardeña dont nous dirons plus loin les vicissitudes.

Léon et ses environs étaient remplis de monastères d'hommes et de femmes. Il suffit de nommer celui de Sahagun.

Vers l'occident d'Astorga, le *Bierzo* était rempli de monastères également. C'est le *Bergidum* de l'itinéraire d'Antonin, et le chemin de Saint-Jacques. Les moines de Cluny y desservaient une chapelle à l'usage des pèlerins, appelée Notre-Dame de Cluny (Cruñego). Citons Saint-Jacques de Peñalva, Saint-Pierre de Forcellas, Carracedo, Saint-Pierre et Saint-Paul de Oria, Saint-Pierre et Saint-Paul de Castañeza ; plus loin Saint-Pierre et Saint-Paul de Zamudia.

Entre le Bierzo et Compostelle, Saint-Sauveur de Lerez, près de Pontevedra, fut fondé au xe siècle, et à l'ouest de cette ville Saint-Jean de Poyo, de fondation très ancienne.

Santiago (Compostelle [1]) surtout était rempli de monastères qui avaient autant d'hôtelleries. Saint-Pierre de Antealtare (depuis San Payo) avait été fondé par l'évêque Sisnando qui y mit douze moines pour veiller sur le corps du saint Apôtre. Plus tard il fut incorporé au suivant. Saint-Martin de Pinario fut fondé par le même évêque Sisnando, sous Alphonse III. Saint-Martin, comme une mer, dit Florez, engloutit les monastères voisins ; parmi eux, Saint-Félix de Lovio (San Fiz), Saint-Pierre de Fora, Saint-Sébastien et Saint-Laurent *en Monsagro* (in monte sacro).

Deux monastères doubles, c'est-à-dire comprenant un d'hommes et un de femmes, furent fondés aux xe siècle, sans aucun doute pour les pèlerins. Ce fut Saint-Sauveur in Sobrado et Sainte-Marie de Mosoncio.

La route des pèlerins était ainsi jalonnée des seules hôtelleries qui existassent alors, offrant aux riches et aux pauvres une cordiale

[1] On fait venir ce nom de *Campus stellæ*, le champ de l'étoile.

hospitalité. Il en était ainsi en France. Les donations étaient faites partout pour offrir aux pieux voyageurs les secours dont ils avaient besoin.

Ce grand mouvement de pèlerinage vers le tombeau de Saint-Jacques commença à l'époque où le voisinage des musulmans rendait le voyage dangereux ; il se continua, grâce à ces secours, pendant tout le moyen-âge. Du tombeau de saint Martin, à Tours, au tombeau de saint Jacques, à Compostelle, les chemins étaient parcourus sans cesse. Sainte Brigitte y viendra de la Suède avec son mari ; les évêques et les rois, les femmes et les laïques, suivront cette longue route, allant faire pénitence de leurs fautes et implorer les secours du ciel.

Le nord de l'Espagne se trouva ainsi en contact continuel avec les autres nations chrétiennes. Dans sa lutte héroïque de plus de cinq siècles, elle fut encouragée par les sympathies et bien souvent par des secours plus effectifs. Plus d'un chevalier laissa son bourdon de pèlerin pour ceindre de nouveau son épée et la mettre à son service.

Il y eut aussi pour l'Espagne un grand appui surnaturel dans la présence des reliques de son saint patron. Les légendes espagnoles sont remplies d'apparitions de saint Jacques venant réconforter les guerriers dans les batailles livrées aux Maures. Ce qui est certain, c'est que Dieu vient aux secours des hommes par l'intercession de ses saints et que le culte de saint Jacques ne se serait pas répandu de tous côtés avec cette rapidité sans des preuves manifestes de sa protection pour la catholique Espagne.

Revenons à Charlemagne. En 797, un sarrazin, nommé Zara, lui proposa de lui livrer Barcelone. L'Empereur profita de cette occasion et envoya son fils Louis pour s'en emparer. Le comte Rostagnus, comte de Roussillon suivant les uns, de Girone suivant les autres, était un des chefs de l'armée qu'il conduisit au siège de Barcelone [1]. Il devint comte de cette ville. Plus tard, son fils Miron lui succéda dans le comté de Girone et pendant sa jeunesse, son

[1] *Vie de Louis le Pieux*, par l'Astronome.

oncle Sunico, comte d'Urgel, prit le titre de comte de Barcelone. Les origines du pouvoir comtal dans cette ville sont assez obscures cependant[2]. On ne trouve un pouvoir bien constitué qu'au XIe siècle. En 1056, Raymond, comte de Barcelone, fit donation à sa femme Almodis du comté de Girone avec ses forteresses, son évêché et ses monastères.

Louis le pieux, dans son expédition, assiégea l'antique Osca (Huesca), et laissa dans cette partie de l'Aragon, l'autorité des Francs établie et respectée.

A Aix-la-Chapelle, Charlemagne recevait successivement les ambassadeurs d'Alphonse, roi d'Asturies, qui lui apportaient les dons de la Galice, et les envoyés d'Abdérame, le calife de Cordoue.

Revenons à cette capitale des musulmans d'Espagne et racontons les événements qui se sont accomplis à la suite de la guerre civile entre les Arabes et les Maures.

[1] Il y a huit comtes nommés dans la charte de Charlemagne, Bera, ou Beranus, Gauscelinus, Gisclafredus, Odilenus, Ermengarius, Ademarus, Laibulfus Erlinus.

VII

LE CALIFAT DE CORDOUE

Pendant les trente premières années depuis l'invasion, l'Espagne avait été gouvernée ou pour mieux dire pillée et rançonnée par des émirs envoyés par le calife de Damas.

Mais une révolution était survenue en Orient. Les califes ommyades avaient été dépossédés par Walid qui lui-même fut peu après assassiné. Yésid et Ibraïm se succédèrent dans la même année. Beaucoup d'Arabes fidèles à la famille des Ommyades s'enfuirent, et parmi eux Abd-er-rahman, le fils du calife Hescham qui se retira d'abord à Barca. Parmi les principaux, Thaalaba ibn Saléma et Baldj ibn Baschir, chefs des tribus syriennes et africaines, étaient passés comme nous l'avons vu, après l'expédition contre les Maures, en Espagne ; ils firent reconnaître comme calife d'Occident Abd-er-rahman, que l'histoire connaît sous le nom d'Abdérame. Elle a souvent confondu le calife avec un de ses lieutenants du même nom, le vaincu de Poitiers.

Abdérame Ier a reçu le nom de « Juste », *Saphar*, et son califat fut assez paisible pour les chrétiens [1], en raison peut-être de son caractère, mais beaucoup des révoltes et des guerres qui occupèrent ailleurs les Arabes. Ces révoltes et ces guerres remplirent tout le règne d'Abdérame.

[1] Les martyrs de Cordoue, saint Adolphe et saint Jean, dont l'abbé Espérandieu écrivit la vie, seraient de ce temps (824) selon Florez (*España Sagrada*, t. X, ch. XI.

Les Arabes venus d'Orient retrouvèrent en Andalousie les sites de l'Orient. « La plaine d'Elbira (Grenade), baignée par le Xenil et le Darro, constamment rafraîchie par les neiges éternelles de la Sierra Névada, leur rappelait l'oasis de Damas, au pied de l'Anti-Liban, arrosé par l'oued-Baradi et ses limpides affluents. C'est en effet dans la province d'Elbira que fut établi le Djond (armée, division) de Damas après l'arrivée en Espagne des Arabes de Syrie, sous la conduite de Baldj, leur émir. Celui du Jourdain reçut des terres dans la province de Reiza, celui de la Palestine dans la province de Sidona, celui d'Emesse dans la province de Séville, celui de Kinnesrîn dans la province de Jaën, et celui d'Egypte dans la province de Béjà, en partie dans la province de Tadmir [1]. »

Les Arabes furent donc établis en Andalousie, tandis que les Maures guerroyaient dans le nord de l'Espagne, cherchant souvent à s'y rendre indépendants. Cordoue devint la ville sainte des Arabes d'Espagne, *Medina Andaluz*. Séville, un instant capitale, fut la ville des fêtes, des plaisirs. Plus tard, dans une discussion entre Averroès et Avenzoar, le premier dit au second : « Je ne sais ce que tu dis ; mais il est un fait certain, c'est que s'il meurt un savant à Séville, et qu'on veuille vendre ses livres, on les porte à Cordoue ; et s'il meurt un musicien à Cordoue, et qu'on veuille vendre ses instruments, on les envoie à Séville ».

Au moment où le califat y fut établi, Cordoue ne devait encore rien à la civilisation arabe. Ce qui lui restait appartenait à la civilisation romaine dont la splendeur avait fait jeter à Mouça ce cri d'admiration : « O Cordoue, que tu es ravissante ! Que de beautés tu renfermes en ton sein ! »

Heschâm, Al-Hado el Rhadi, fils d'Ad-er-rahman I, commença à l'embellir en faisant construire la grande mosquée de Cordoue, la *Mezquita*, qui fut longtemps un lieu de pèlerinage pour les musulmans d'Occident. Elle fut terminée en 791.

Nous ne voulons pas en donner une description. Les murs de ce magnifique édifice, dans lequel les détails l'emportent en beauté sur

[1] BARRET. — *Revue des Soc. sav.*, 1863, d'après les historiens arabes.

l'ensemble, sont construits en blocs de proportions inégales, venant de diverses origines. On dit qu'elle contenait 12.000 colonnes; on ne compte plus que 850 colonnes qui la divisent en 19 nefs d'environ 115 mètres de long du sud au nord, et un peu moins de largeur de l'est à l'ouest. Les unes sont d'un jaspe qui imite la turquoise et d'autres en marbre de différentes couleurs.

Narbonne en a fourni une partie[1]; les palais de l'Andalousie et ceux de Cordoue ont été mis à contribution pour construire la Mezquita.

Nous sommes obligés de combattre l'opinion assez répandue encore, qui a voulu faire honneur aux Arabes de tout ce qui, dans le domaine de la civilisation, de la science, de la littérature et des arts a fleuri sur la terre d'Espagne. Cette opinion qu'une plume protestante stigmatise du nom de « travers d'esprit » n'a pas encore disparu, malgré les efforts de quelques écrivains catholiques[2],

L'islamisme, dès sa naissance, n'a jeté, ni en Orient ni en Espagne, le brillant éclat dont certains historiens se plaisent à nous le montrer enveloppé. En Espagne, l'invasion fut composée surtout de Maures d'Afrique qui ne pouvaient rien donner de pareil, et qui étaient ce qu'ils sont restés au Maroc[3].

On a beaucoup admiré leur architecture si originale et si séduisante à première vue. Mais il ne faut pas croire que les musulmans aient quitté le cimeterre pour manier le marteau ou la truelle, pas même pour tracer des plans. A mesure que l'Orient leur envoyait des renforts, parmi eux arrivaient des syriens; ils avaient en outre dans la Bétique d'habiles ouvriers sous la main. Aussi c'est un fait qu'en Espagne comme en Orient, les pierres de leurs monuments

[1] M. de Lagrèze assure que les habitants de Narbonne n'obtinrent la paix qu'à condition de transporter de leur ville à Cordoue les matériaux nécessaires à la construction de la mosquée (Pompéi, les catacombes et l'Alhambra).

[2] BAUMSTARCK, *Une excursion en Espagne*. Trad. franç., p. 174: CH. LENORMAND, *Cours d'histoire moderne*; BOURRET, *De schola Cordubensi*, thèse.

[3] Les Maures sont les industriels du Maroc; ils dirigent les ateliers où l'on tisse et teint la laine, où l'on forge les armes et les ustensiles de fer, où l'on répare les cuirs. Mais là se borne leur industrie.

ont été prises dans des édifices déjà existants, ou bien ont été sculptées et placées par des chrétiens. Je ne dis pas par des chrétiens espagnols, mais l'invasion à la chute des Ommyades a pu amener des ouvriers syriens, les mêmes qui ont construit les mosquées d'Orient [1].

Les chrétiens grecs et syriens furent les véritables instituteurs des Arabes, non seulement en architecture, mais dans toutes les sciences. Sauf parmi les poètes, on ne trouve aucun écrivain, aucun homme de talent dans les sciences, au temps des Ommyades. Dans la poésie elle-même, le caractère primitif, l'allure franche et naïve, la verve brillante, mais tout cela un peu inculte, caractérise les poètes de ce temps, Djarir, Farazdak, Aktal. Les Ommyades ne pouvaient donc apporter à l'Espagne ce qu'ils ne possédaient pas.

Les Maures y trouvèrent-ils ou ont-ils apporté les industries qu'ils ont conservées de nos jours au Maroc ?

Il est possible, et même probable, que les Arabes ont introduit l'art de la fabrication des armes blanches, interdite aux chrétiens d'après les Fetwas. Les lames de Tolède rappelèrent les procédés des cimeterres et autres armes fabriquées à Damas.

Nous croirions volontiers qu'il n'en fut pas de même pour le tissage des laines. Columelle, qui a si bien parlé de l'agriculture, avait un oncle possesseur d'immenses bergeries aux environs de Cadix. Les Romains ne laissaient pas sans les utiliser les laines de ces troupeaux. Nous ne nions pas pour cela que l'Orient n'ait envoyé des ouvriers habiles pour les tapis ; peut-être est-ce à eux qu'on doit l'art de travailler les cuirs qui a fait de ceux de Cordoue, comme maintenant de ceux du Maroc, un art spécial.

Mais au delà, l'Espagne romaine leur apprit plus qu'ils ne pouvaient savoir. L'art des irrigations, des aqueducs, était un art tout romain. Les compatriotes de Columelle étaient passés maîtres en agriculture. L'architecture romaine n'avait rien à apprendre des Arabes. L'arceau du fer à cheval qui caractérise leurs monuments

[1] Les colonnes de la mosquée de la Mecque ont été fournies par Justinien pour qu'on n'enlevât pas celles de l'Eglise de Gethsémani (Théophanes, *Corpus. script. hist. Bysant.*, Bonn, 1839). Il en a été de même pour celle de Damas, celles d'Hébron et d'El-Aksa (Comte MELCHIOR de VOGUE, *Les Eglises de la Terre sainte*).

est original, mais il n'est ni beau ni profond. Les coupoles les plus magnifiques, les plus beaux arceaux de l'Alhambra sont gothiques. A l'intérieur, toutes les enceintes sont plus ou moins étroites, mesquines. L'ornementation enfin, poussée au plus haut degré de l'art, de la délicatesse, de la perfection des formes, manque de naturel et de noble simplicité [1].

Ce qui manquait aux Maures et aux Arabes, et leur manque encore, ce sont les sciences et les lettres.

Le nom que les Arabes se donnaient eux-mêmes avec orgueil, *de oummiim*, les illettrés, faisait partie de leurs dogmes [2]. Le Coran au moins avait sanctionné de rigoureuses défenses contre les sciences suspectes à l'orthodoxie msulmane. Ni la philosophie ni l'histoire ne trouvaient alors grâce devant les fâquis attachés à la lettre du Coran.

Cette ignorance leur créait une infériorité grande vis-à-vis de leurs vaincus ; ils étaient obligés de laisser entre leurs mains toutes les fonctions qui réclamaient une culture intellectuelle, même la tenue de leurs registres d'impôts.

L'un des lieutenants du calife Omar le consulta pour lui demander des instructions sur l'admission des chrétiens dans les services publics, en lui disant :« L'argent a tellement augmenté, qu'eux seulement sont capables de le compter. »

Un autre lui disait : « J'ai dans ma province un écrivain chrétien sans lequel je ne puis opérer le recouvrement des Kharâdj, mais je n'ai pas voulu l'investir de cette fonction, sans avoir pris vos ordres [3]. »

En Espagne, les conquérants restèrent longtemps en présence de la même difficulté. Les chrétiens, les seuls lettrés, leur étaient nécessaires pour la plupart des charges publiques, les écritures admi-

[1] BAUMSTARCK, *Excursion en Espagne*, p. 131.

[2] *El-oummi*, qui ne sait ni lire ni écrire, est un des surnoms de Mahomet (*Journal asiatique*, nov., déc., 1851).

[3] *Ibn-en-Naqqâch*, traduit par M. Belin (*Journ. asiat.*, nov. 1851), cite beaucoup d'autres faits de ce genre.

nistratives (Kitâbet), la perception des impôts et l'administration de la justice.

Rendons à chacun ce qui lui est dû. Les calculs furent alors facilités par l'introduction des chiffres qui ont pris le nom des arabes, mais qui sont seulement arrivés par leur entremise en Occident. A la fin du VIIIe siècle, arrivèrent à Bagdad, capitale du califat d'Orient, les tables astronomiques indiennes. Les véritables inventeurs étaient les néo-pythagoriciens [1]. Ces chiffres bien plus simples pour l'exécution des calculs, le tableau à colonnes et les autres méthodes parvinrent en Espagne, et saint Euloge nous dit l'enthousiasme qu'excitèrent ces nouveautés parmi les chrétiens. Il nous montre « de jeunes chrétiens, au beau visage, à la parole diserte, aux manières et aux gestes séduisants, qui se font remarquer par leur habileté à parler arabe ; ils feuillètent avec une grande avidité *les livres des Chaldéens*, ils les lisent avec le plus grand soin, ils en disertent avec beaucoup d'ardeur, les collectionnent avec de grands efforts [2] ».

Le calife favorisait beaucoup l'étude de l'arabe et permettait aux chrétiens de venir à la Mosquée entendre la lecture du Coran et ses commentaires. Ce n'était pas sans danger pour la foi, et les parents redoutaient beaucoup cet enseignement pour leurs enfants.

On a même parlé d'une *académie arabe* établie alors à Cordoue et des modernes plus enthousiastes ont parlé d'une *université*. Les Arabes d'Espagne, à cette époque, étaient loin de favoriser le développement des intelligences et en étaient encore à proscrire la philosophie. Un historien très favorable aux Arabes l'avoue : « La philosophie, même alors qu'un demi-siècle plus tard elle fut introduite dans les écoles arabes de la Péninsule, était plus particulièrement odieuse aux théologiens arabes de Cordoue et de l'Andalousie [3] ».

Ceux que le professeur de Leyde appelle les théologiens, étaient les *Sunnites*, secte orthodoxe, favorisée par les Ommyades, tandis que les *Schyïtes*, observateurs moins scrupuleux de la loi de Maho-

[1] WŒPCKE, *Propagation des chiffres indiens* (*Journal asiatique*, 6e série, p. 239).

[2] S. EULOGE, *Patrol. lat.*, t. CV.

[3] DOZY, *Hist. des musulmans d'Espagne*, t. III, p. 18. Au IXe siècle, c'était plus d'un siècle et demi qu'il fallait encore attendre.

met, étaient en faveur à Bagdad. L'Espagne, de ce fait, se trouvait encore plus isolée de l'Orient que par la création du Califat, et la cour de Bagdad était plus ouverte à la civilisation.

En Espagne, les *Sunnites* « en dénonçaient les adeptes (de la philosophie) comme coupables d'impiété au premier chef, et, sur la parole de ces guides spirituels, le peuple les pourchassait, les lapidait, on les brûlait très volontiers quand on pouvait se saisir de leurs personnes. L'histoire était presque aussi mal notée que la philosophie. S'en occuper avec un goût trop prononcé, était un péché grave et le commencement de la perdition[1]. »

Il faut attendre jusqu'au califat de Al-Hakem II, fils de Abdérame III, pour voir s'opérer un revirement à cet état de choses par la faveur accordée aux poètes. Mais le IXe siècle s'ouvrait sous le califat d'un homme qui, après avoir fait la guerre, entendait jouir de son pouvoir. Al-Hakem I, plongé dans les voluptés, entouré d'une garde de 5.000 hommes, signant sans cesse des sentences de mort, écrasant et rasant un jour un faubourg de Cordoue, parce qu'on avait délivré 10 prisonniers; exilant 8.000 habitants à Fez, 15.000 à Alexandrie et de là en Crète ; avait, on le voit, beaucoup d'autres occupations que de faire fleurir les arts et les lettres.

[1] Dozy, *ibid.*, tome III, p. 19. Cet état dura jusqu'à Abdérame III qui dut laisser brûler les écrits de Ibn-Massara, et vers la fin du Xe siècle, les zélés musulmans firent un feu de joie des livres philosophiques, scientifiques de la riche bibliothèque de Cordoue (Dozy, *ibid.*, pp. 20 et 175.)

VIII

LES CHRÉTIENS DE CORDOUE ET LEURS ÉCOLES

Nous avons déjà parlé de la condition des chrétiens en général. Il ne sera pas inutile de parler de ceux de Cordoue. Mouça leur avait conservé une certaine indépendance. Les causes civiles furent jugées par des juges que les Espagnols se choisissaient, au moins à Cordoue, et ces juges eurent la dignité de comtes. Les grands aussi conservaient un pouvoir, utile pour contenir le peuple.

Toutes ces concessions, il est vrai, se payaient à bon prix. Zama, le successeur d'Alhâur, réglementa plus encore les concessions pour arriver à réaliser ce que le pillage fournissait tout d'abord [1]. On put ainsi pressurer régulièrement les chrétiens pour fournir aux plaisirs des vainqueurs et aux frais de leurs expéditions dans le nord de l'Espagne et dans le midi de la France.

Un témoin oculaire, une des victimes, a écrit le récit de ces vexations : « Malgré les outrages et les avanies qui pleuvent sur nous chaque jour, nous disons que nous ne souffrons pas persécution... Pour en taire, il suffit de dire que lorsqu'ils voient les prêtres accompagner, selon la coutume, les morts pour les inhumer, ils poussent des cris et adjurent Dieu de n'avoir pas pitié de nous. Puis ils saisissent des pierres pour les jeter aux prêtres ; et, quant aux fidèles, après les avoir outragés, ils les couvrent d'ordures. Lorsqu'ils voient passer un prêtre, ils jettent devant lui des pierres, des débris de vases et chantent des choses infâmes. Entendent-ils sonner les

[1] ISIDORE de BÉJA, 48 ; RODRIGNE de TOLÈDE, XI.

cloches d'une église, ils se mettent à rire, à se moquer, à lever les épaules, à redoubler leurs injures, à poursuivre de toutes sortes d'outrages le peuple qui vient pour prier [1]. »

Pour savoir à quel prix se payait cette pauvre liberté, écoutons un autre contemporain : « Toutes les basiliques de Cordoue ont à payer un tribut ; cet impur ennemi vient puiser dans les oblations pures des fidèles pour grossir son fisc. Enlever ainsi à la table du Seigneur pour en emplir des palais, c'est enlever l'eau à ceux qui ont soif pour la jeter à la mer [2] ». Le plus grand mal, c'est que la dignité sacerdotale se vendait aux plus offrants.

Saint Euloge dit que toutes les vexations rendaient aux chrétiens la mort plus supportable qu'une vie si dure. « Quel persécuteur des chrétiens, continue-t-il, a été plus cruel ? qui a tant fait pour les anéantir ? Nul de nous ne peut plus aller en sûreté, nul ne peut voyager en paix, nul passer parmi eux sans être souillé [3] ».

Léovigilde, un autre prêtre de Cordoue d'alors, écrivit un livre sur la Vie des clercs, « afin, dit-il, que ceux à qui leurs forces ne permettent pas les voyages pour aller consulter les docteurs qui restent ; ceux qui sont retenus par la crainte des inquisitions, des cens, des tributs *mensuels* imposés à tout chrétien ; afin que ceux-là puissent lire ce livre, *au moins la nuit* [4] ».

Telle était la situation sous cet Abd-er-rahman qu'on nommait « le Juste ». Nous verrons des excès plus grands.

Ce que nous voulons montrer d'abord, c'est qu'au milieu de tout cela, l'ardeur de s'instruire n'était pas ralentie dans l'antique Cordoue, malgré toutes les difficultés et même les dangers. Alvare de Cordoue nous le dira, en racontant la vie de saint Euloge.

[1] Saint Euloge de Cordoue, *Indiculus luminosus*.

[2] Abbé SAMSON, Préf. de saint Euloge. Moralès.

[3] EULOGE, l. I. — Comme conséquence de cette persécution, eut lieu un fait qu'on n'a pas assez remarqué. En 734, sept évêques espagnols et parmi eux celui de Porto, s'embarquèrent avec de nombreux chrétiens pour l'île *Antilia* située à l'*ouest* des Açores. (Etait-ce une des Antilles ?) MARTIN BEHAIN, *Globe terrestre*, Nuremberg, 1492.

[4] LÉOVIGILDE, cité dans les *Œuvres* de saint Euloge.

« Qui pourra, fut-il le plus habile, dire son puissant génie, sa belle éloquence, sa science lumineuse, son affabilité habituelle dans son office ? Quel homme de génie lui fut inconnu parmi les catholiques, les philosophes, les hérétiques et même parmi les païens ? Quel est l'ouvrage en vers ou en prose, le livre historique qui ait échappé à ses recherches ? Où trouver des vers dont il ignorât l'harmonie ? des hymnes, des opuscules si peu connus, que son beau regard n'ait parcourus ? Chaque jour, en effet, tirant pour ainsi dire des ronces et des cachettes des trésors nouveaux et dignes d'admiration qu'on ignorait, il leur faisait voir la lumière [1]. »

Ce ne fut pas assez pour Euloge de visiter les monastères de sa patrie ; Alvare nous raconte qu'il alla en France pour visiter ses deux frères, Isidore et Alvare, qui s'y étaient réfugiés [2]. Il s'agit de la *Gallia comata*, et, la charte d'Alaon en mains, on peut suivre les pérégrinations, ou mieux le voyage littéraire que saint Eloge fit dans ce pays.

Pampelune et Saragosse, Barcelone et Girone avaient fait serment de fidélité à Charlemagne. Le grand empereur avait rétabli les monastères sur les deux flancs des Pyrénées.

Un des principaux monastères visités par saint Euloge fut celui de Saint-Zacharie qui renfermait 150 moines et dont Odoaire était abbé. On y observait avec religion la Règle de Saint-Benoît, et les religieux y travaillaient à la transcription des manuscrits. Saint Euloge put en rapporter des œuvres des Pères et des écrivains profanes, les livres de la *Cité de Dieu* de saint Augustin, les œuvres de saint Adhelme de Schirburn, des hymnes et autres écrits catholiques ; et en même temps l'*Enéide* de Virgile, les *Satires* d'Horace, de Juvénal, des poésies d'Aviénus et des livres de Porphyre. Un écrivain protestant qui s'est occupé des choses d'Espagne, Dozy, a cru que

[1] ALVARE de CORDOUE, *Vie de saint Euloge*, ch. III. Le style d'Alvare est très pur comme latinité, mais la phrase est un peu d'un rhéteur ancien.

[2] Les frères d'Euloge étaient allés jusqu'en Bavière, sans doute pour intéresser l'Empereur au sort de leur patrie. Nous ne devons pas en être surpris ; en 777, pendant que Charlemagne était à Paderborn, un émir musulman, Ibn-el-Arabi, était venu réclamer son assistance pour recouvrer Saragosse.

c'étaient autant d'œuvres ignorées d'Euloge. La méprise est assez plaisante.

Depuis l'expédition de Charlemagne les deux versants des Pyrénées, la Septimanie et la Navarre, avaient vu la fondation de monastères assez nombreux. Ils étaient, dans ces pays dévastés, des hôtelleries pour les voyageurs et des refuges pour les âmes désabusées de ce monde.

Saint Euloge avait visité celui de Leyria (Legerense), celui d'Athilium (près de Ureta), celui de Serasium (près de Jacca) et nombre d'autres : *aliis aliisque locis peregratis* [1].

Ces monastères servaient souvent de refuges aux évêques d'Espagne et de France dont les villes épiscopales avaient souffert des guerres ; tel celui de Roncevaux où les évêques de Bayonne s'étaient réfugiés et signaient évêques des Pyrénées. Les moines formaient leur clergé, *clericos monachos*, expression qu'on a si mal comprise, surtout en Espagne.

Sur le versant français des Pyrénées se présentait le monastère *Igalense*, avec son abbé Scemenus, celui d'Urdax, avec son abbé Dadilanis.

Saint Euloge n'avait oublié aucun de ceux qu'il avait visités en rentrant à Cordoue, où, malgré la persécution, se trouvaient aussi des monastères, dans la ville ou dans son voisinage.

Ces monastères suivaient, eux aussi, la Règle de Saint-Benoît, au moins ceux qui étaient autour de Cordoue. Il est probable qu'il en était de même pour ceux de la ville, puisque l'abbé Samson passa des uns aux autres.

Si nous faisons cette constatation, c'est qu'elle entraîne un fait très important et très méconnu de la plupart des historiens qui ont parlé de l'Espagne à cette époque. Parler d'un monastère de l'ordre de Saint-Benoit, c'est constater l'existence d'une bibliothèque et des

[1] On peut comparer la Charte d'Alaon, un peu postérieure, mais qui jette un grand jour sur les fondations de monastères à cette époque dans la Septimanie et le nord de l'Espagne. Bientôt les écoles espagnoles de Saint-Germain d'Astorga, de Saint-Pierre de Bisuldum, de Sainte-Marie de Taxo, de Saint-Michel de Cusan, etc., rivaliseront avec les plus brillantes écoles de la France et de l'Allemagne.

études. Une bibliothèque chez les moines n'allait pas sans un *Scriptorium,* c'est-à-dire sans la reproduction de manuscrits précieux.

Nous allons avoir à signaler des publications nouvelles; mais si important que soit ce point pour prouver l'activité littéraire des monastères de Cordoue, bien plus important est l'humble rôle du moine écrivain qui reproduit tous les chefs-d'œuvre de l'antiquité, qui transcrit indifféremment les Livres Saints, les Œuvres des Pères ou celles des écrivains païens, les œuvres des Grecs aussi bien que celles des Latins, bientôt même celles des Arabes.

Qu'on veuille bien faire attention encore que l'Espagne était alors encore couverte de monastères, et on comprendra les trésors qui s'amassaient patiemment. S'ils ont disparu en grand nombre, qu'on en accuse les Maures qui, dans leurs razzias, n'épargnaient guère ni monastères ni bibliothèques; et quand ils les comprenaient dans leur butin, qu'on aille les chercher dans leurs bibliothèques de Cordoue et autres, dont on vantera l'existence. C'est bien l'occasion de citer Virgile :

Sic vos non vobis nidificatis aves,
Sic vos non vobis mellificatis apes.

Nous rencontrons d'abord la basilique et le cloître de Saint-Aciscle qui paraît avoir été l'église cathédrale. Une école, qu'on peut appeler l'*école épiscopale* y était ouverte et de nombreux élèves la fréquentaient [1].

A l'avènement de Abd-er-rahman II, le grand abbé Espérandieu (Speraindeo) était à la tête de cette école. « Il répandait, dit Alvare son disciple, sur toute la Bétique, le doux courant de ses sages leçons [2] » ; il composa une réfutation du Coran, œuvre de courage et de science [3]. Il écrivit aussi un traité de la Sainte-Trinité contre les hérétiques [4].

[1] BOURRET, *De schola Cordub., christ.* (Thèse de Doct, p. 21); FLOREZ, *Esp.Sagr.* t. X. ALVARE, *S. Euloge, vita* (*Patrol. lat.* t. CV) AMBR. MORALÈS, *Scholia.*

[2] ALVARE, *ibid.*

[3] S. EULOGE, *Memoriale Sanctorum* (*Patrol. lat.* t. CV); NIC. ANTONIO, *Biblioth hisp. vetus,* VII, 8.

[4] LORENZANA (card.) *Collectio Patr. Tolet.*

Outre Euloge et Alvare, on doit compter parmi ses élèves des hommes qui furent des savants et des saints ; le prêtre Petrus, le jeune Wistremundus, le diacre Walabonsus, Sisenandus, Gumesindes, Fandila et Amator, venaient d'Astigi (Ecija), d'Elepta (Niebla), de Beja, de Tolède, d'Acci, de Tucci.

Une autre école avait été établie à Cordoue près de la basilique de Saint-Zoïle. Elle eut à sa tête l'abbé Samson, professeur et écrivain distingué.

La basilique de Saint-Cyprien avait aussi un cloître, une école et de brillants élèves. C'est là que plus tard le savant Usuard, venant en Espagne, recevra l'hospitalité.

La ville de Cordoue était en outre entourée de monastères qui étaient des foyers de piété mais aussi de science. Voici les noms des principaux : Saint-Christophe, au sud de Cordoue ; Sainte-Marie (Cuteclar) au nord, dans les montagnes ; Tabane, qui s'établissait alors dans les mêmes montagnes, et était la grande école monastique ; Peñamellare, qui avait donné son abbé Samson à l'école de Saint-Zoïle ; Saint-Félix, près du village de Froniano ; Saint-Martin de Rojana ; enfin celui des saints Juste et Pasteur [1].

Leovigilde, dont nous avons parlé comme auteur du traité *De habitu clericorum*, était attaché à la basilique de Saint-Cyprien. Dans la préface de cet ouvrage, il écrit : « J'ai recueilli ces pensées partie dans les anciens Pères, partie dans ce que j'ai appris des maîtres de ce temps ». Il fut poète, écrivain liturgique, combattit les anthropomorphites dont l'hérésie était renouvelée alors par un nommé Hostegesis.

Cyprien, archiprêtre de Cordoue [2], a droit aussi à une mention spéciale. Florez nous a conservé des vers que Cyprien avait écrits pour une bibliothèque sacrée, et divers épigrammes, dont l'une assez élégante sur un éventail.

L'abbé Samson, cité plus haut, était aussi poète à l'occasion ;

[1] S. EULOGE et son commentateur Moralès (*Patrol. lat.* t. CV) ; FLOREZ, *España Sagrada*, t. X ; BOURRET, *Schola Cardub.*, etc.

[2] V. LEYSER, *Poemata medii ævi* ; FLOREZ, *España Sagrada*, t. XI, appendice.

Florez donne deux épitaphes en vers composées par lui. Mais c'était le moindre mérite de cet habile écrivain, qui se plaignait de la rudesse de l'instrument qu'on lui avait laissé et voyait venir le temps « où l'art de la grammaire serait rendu à l'Espagne [1] ». Il prenait plaisir à relever les barbarismes commis par Hostegesis. Son talent était connu des califes qui le prenaient comme secrétaire quand ils écrivaient à l'Empereur. Mais ce qui était plus précieux pour un chrétien, il avait une connaissance approfondie de l'Ecriture et des Pères et était un très sûr théologien. Aussi combattait-il les erreurs d'Hostegesis avec autant de succès que ses barbarismes. Sa réfutation, pleine de science, fut vive et énergique, et reçut l'approbation des évêques réunis à Cordoue [2].

Nous avons déjà parlé d'Alvare et d'Euloge, dont l'amitié contractée au pied de la chaire d'Espérandieu, rappelle celle de saint Basile et de saint Grégoire.

Toutefois, Alvare n'était pas un saint : il craignait même la persécution. D'une grande famille patricienne qui portait le titre de Sérénissime, il était plutôt un homme de lettres, et la littérature fut la grande consolation de sa vie. Mais il resta chrétien avant tout, dans tous ses écrits, et il alla même si loin dans la question des classiques que l'évêque Jean de Séville dut prendre contre lui la défense des auteurs païens [3].

Saint Euloge à qui son ami écrivait : « Tu vois couler au-dessous de toi le fleuve de lait de Tite-Live, tu ne le cèdes pas en pureté à la langue païenne de Caton, à la bouillante éloquence de Démosthène, à la richesse de Cicéron, au style fleuri de Quintillien » ; Euloge, à vrai dire, est moins fin lettré que son ami Alvare. Son style conserve des traces des auteurs grecs qu'il a lus et il a une

[1] *Apologétique* (*Patrol. lat.*, t. CV), l. II, ch. VII.

[2] Pour se venger, Hostegesis se servit du crédit de son parent le comte Servandus, et Samson aurait succombé sans l'appui du calife dans cette lutte contre ces puissants adversaires.

[3] Bourret, *Schola cordub. christ.*, 64-70. Alvare a écrit des lettres adressées à Euloge, la vie de son ami après son martyre, des hymnes et des épitaphes en son honneur.

parenté avec celui des Pères d'Afrique, saint Augustin et saint Cyprien.

Il fut un des maîtres les plus renommés. Lui-même nomme, comme ses élèves, le jeune gaulois Sanctus qui accourut d'Albi pour assister à ses leçons ; et Christophe, « jeune homme né à Cordoue, qui dès l'enfance a suivi nos leçons et est ensuite entré dans le monastère de Saint-Martin [1] ». A Cordoue, on appelait Euloge *le maître des maîtres*, et sa réputation de savant était grande même parmi les Arabes.

Après avoir parlé des écoles et des maîtres, parlons de leur enseignement. Ils savaient si bien faire goûter les beautés des anciens que leurs écoliers s'attachaient à l'étude des philosophes avec une ardeur qu'il fallait contenir. Séduits par l'élégance des auteurs païens, par leur style éloquent, ils négligeaient les Livres saints, et on les surprenait se délectant à lire en cachette les œuvres des tragiques [2].

Nous avons même les règlements de ces écoles. « Les maîtres ès-arts, nous dit Virgile de Cordoue, commençaient à professer le 1er octobre, et continuaient jusqu'au 1er mai sans interruption. Cependant quelques maîtres ont commencé leurs leçons au 1er septembre ; mais comme la chaleur régnait alors, ils ont trouvé mieux de se mettre également à professer au 1er octobre. Alors, grâce au froid, les hommes sont plus attentifs à l'étude ; ils sont plus reposés et plus énergiques pour soutenir ce labeur. En outre, les nuits sont plus longues et ils peuvent mieux veiller [3]. »

L'abbé Samson, Alvare parlent de la Grammaire qu'on enseignait ; sous ce nom, avec tout le Moyen Age, il faut comprendre la littérature entière, la science d'interpréter les poètes, les historiens, comme la méthode de bien parler et écrire [4]. Les écrivains de

[1] Euloge, *Mémorial des Saints*, l. II. (*Patrol. lat.*, t. CV). Ponce de Léon dit de ce livre : « Le docteur du martyre a écrit comme un témoin oculaire sur ses disciples martyrs. »

[2] Andrès, *Storia d'ogni letteratura*, t. I ; Bourret, *Schola cord.*, p. 24.

[3] Relation du philosophe Virgile de Cordoue, dans Gotth Heine. *Bibliot. anecdot.* Leipsig, 1848.

[4] Raban-Maur, *De cleric. institut.*, III, 18.

Cordoue parlent aussi sans cesse de la dialectique. Nous avons vu plus haut l'enthousiasme des jeunes Cordouans pour les mathématiques. C'est bien aux écoles chrétiennes de Cordoue que Gerbert viendra les étudier. L'étude de la langue arabe est mentionnée sans cesse par Euloge [1] qui cite comme des arabisants distingués Perfectus, Emilas, Jérémias et tant d'autres.

Heleca de Saragosse nous montre les chrétiens traduisant alors en arabe le Nouveau Testament, les Epîtres de saint Paul, l'Apocalypse de saint Jean, les *Vies* des Pères, l'histoire de Flavius Dexter, la *Chronique* d'Eusèbe, la *Cité de Dieu* de saint Augustin et d'autres livres, *parce que*, dit-il, *la langue latine disparaissait*.

Pour le même motif, Jean de Séville dut faire traduire la Bible en arabe, parce que beaucoup de personnes ne connaissaient pas d'autre langue [2].

On peut se rendre compte par là de l'utilité de ces écoles de Cordoue, et du grand rôle que remplit saint Euloge.

L'église de Cordoue lui donna le titre de docteur, qu'un concile d'Espagne ne permettait de donner qu'à ceux qui l'avaient mérité [3]. Il fut surtout le prêtre plein de zèle pour les âmes et la défense de la foi. Les évêques de la province de Tolède le nommèrent évêque de cette ville à la mort de Wistremire, et l'élection fut ratifiée par ceux qui avaient droit d'y concourir. De puissantes oppositions l'empêchèrent de prendre possession de son siège ; mais tant qu'Euloge vécut, les évêques se refusèrent à en élire un autre [4].

Il est temps de parler de ces obstacles que les chrétiens rencontraient à Cordoue. Il ne faut pas croire que les califes n'eussent en

[1] Euloge, *Memoriale sanct.*, II, I, 2, II, etc.

[2] On dut même bientôt faire rédiger les registres, dans le diocèse de Séville, par ordre de l'évêque Jean, en arabe. Les monnaies, au XIIe et au XIIIe siècle, même dans le royaume de Léon, reçurent des inscriptions arabes. Mais il ne faut pas croire qu'il en fut partout ainsi.

[3] Le 1er Conc. de Saragosse avait interdit de porter ce titre *præter has personas quibus concessum est.*

[4] Alvare s'en console en disant qu'il fut évêque dans le ciel, et il ajoute : « Tous les saints sont évêques, mais tous les évêques ne sont pas saints. »

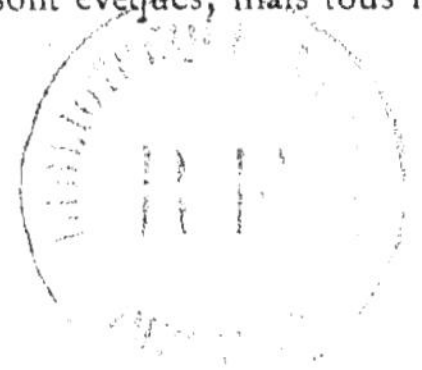

face d'eux que des chrétiens fidèles. Nous avons parlé d'Hostegesis qui soutenait l'hérésie. Des grands, tels que Servandus, flattaient le pouvoir et étaient prêts à beaucoup de concessions pour conserver leurs charges. Dans le clergé même, les prêtres ambitieux se sentaient favorisés par l'évêque Récarède [1]. Soutenu par les musulmans, l'évêque prétendait empêcher tout excès de zèle, et il réussit à faire tenir à Cordoue, avec la faveur du calife, deux conciles dans lesquels on décréta qu'on ne donnerait pas le titre de martyrs à ceux qui s'exposeraient à la mort.

Voyant qu'il ne réussissait pas par ces moyens à éteindre le zèle pour la conversion des musulmans, Récarède se fit persécuteur. « Il se précipita, dit Alvare, comme un ouragan sur les églises et leurs clercs ; il fit jeter en prison tous les prêtres qu'il put rencontrer. »

Saint Euloge fut emprisonné et enchaîné avec son évêque légitime et beaucoup de prêtres. « Dans sa réclusion, il s'occupa plus d'oraison et de lecture que de ses fers, dit Alvare. C'est là qu'il composa pour les saintes vierges Flora et Maria, emprisonnées aussi pour la foi, ce livre de l'*Enseignement du martyre*, où il les fortifie. »

Alvare raconta ensuite que les deux vierges subirent le martyre, mais que, par leur intercession, six jours après, les autres prisonniers furent remis en liberté, à la fin de novembre. Récarède vit sans doute qu'il n'obtiendrait rien par la violence. En effet, bientôt il entraîna « dans la voie fausse » les évêques, les prêtres, les hommes influents de Cordoue.

Euloge restait inébranlable. Il était une force par les livres qu'il composait. L'*Apologie des martyrs* démontrait combien le décret des conciles de Cordoue était opposé à l'enseignement de l'Eglise. Il n'était pas possible de faire une distinction entre les martyrs des persécutions romaines et ceux du temps présent : *Una res utrosque coronat, zelus Dei et amor regni*. Que les bourreaux ne soient pas idolâtres ; qu'importe ? s'ils détestent la religion chrétienne ! Pour lui, il doit protester contre le mahométisme comme le faisait son ancêtre Euloge.

[1] Cet évêque Récarède était un intrus, nommé comme beaucoup d'autres par la faveur des musulmans. Trois métropoles et quinze évêchés se trouvaient dans cette situation.

IX

LA PERSÉCUTION SANGLANTE

Le calife trouvait un auxiliaire trop précieux dans l'évêque Récarède pour ne pas le soutenir. L'autorité d'Abderahman força tout le clergé de Cordoue à se ranger autour du prélat usurpateur. Les prêtres jusque-là fidèles à leur évêque, étaient contraints d'obéir. « Ils semblaient, dit Alvare, condamnés à vivre près d'un ennemi mortel ; et ceux qui d'abord s'étaient révoltés contre lui ouvertement, ramenés par la terreur, semblaient des familiers, quoiqu'ils le fussent de force, non de cœur, non par affection, mais sous l'impulsion de la crainte et pour l'empêcher de nuire davantage [1]. »

Alvare s'excuse lui-même, on le sent. « Le prince, dit-il encore, usant contre nous de sa puissance, avait été contraint par des édits à agir ainsi, foulant aux pieds notre liberté, pour nous soumettre tous à ce cruel ennemi [2]. »

Que pouvaient les fidèles en face de ces faiblesses ? Un jour venait où l'Esprit de Dieu les poussait à provoquer la colère des persécuteurs. Tels Aurélius et Félix « qui allèrent chercher avec leurs femmes la gloire du martyre, après s'être longtemps cachés de tous côtés [3] ». Tel encore un Arabe, nommé Christophe au baptême, qui subit courageusement le martyre.

Chose curieuse ! Cette persécution qui ébranlait la foi des anciens

[1] Alvare, *Vie de saint Euloge*, ch. II.
[2] *Id. ibid.*
[3] Alvare, *Vie de saint Euloge*, ch. IV.

chrétiens, fut au contraire l'occasion de la conversion de beaucoup de musulmans qui ne reculèrent pas devant la mort [1]. Le récit d'une de ces conversions suffira.

Une des converties avait reçu le nom de Léocrétia (Lucrèce). Elle devait la foi à une de ses parentes, baptisée sous le nom de Liliosa, et devenue religieuse dans un couvent de femmes de Cordoue. Battue et menacée par ses parents musulmans, Léocrétia se laissa frapper, enchaîner ; mais elle craignit de succomber à la fin à cette sourde persécution : mieux valait, pensa-t-elle, la persécution violente.

Léocrétia voulut prendre conseil. Elle alla trouver Euloge et sa sœur Anulona qui était aussi une religieuse, et leur exprima son désir de fuir la maison de ses parents. Euloge lui promet son aide. Léocrétia retourne chez elle, feint d'abjurer le catholicisme, se laisse revêtir d'habits somptueux et demande à aller voir un de ses parents. Elle retourne près d'Euloge qui la confie à ceux qui doivent la cacher avec soin.

Le père et la mère de Léocrétia, ne la voyant pas revenir, comprennent qu'elle les a trompés. « Ils jettent partout le trouble, accusent de tous côtés; ils courent chez ceux qu'ils connaissent et chez ceux qu'ils ne connaissent pas. Par le pouvoir et l'ordre du Juge, ils font jeter en prison et charger de fer ceux à qui ils s'en prennent : hommes et femmes, confesseurs de la foi, prêtres et vierges consacrées, tous ceux qui leur tombent sous la main sont flagellés et jetés en prison, dans l'espoir que par ces moyens et d'autres plus violents, ils retrouveront leur fille [2]. »

Euloge était poursuivi plus que tous ; il lui fallait changer sans cesse de retraite, tout en veillant sur la jeune fille, en la préparant par ses instructions et ses prières, ses jeûnes et ses veilles. Sa sœur Anulona la gardait et apprenait le récit des faveurs célestes, d'un miel divin qu'elle sentait dans sa bouche en priant.

Le lendemain de cette faveur providentielle, saint Euloge était

[1] V. pour les autres martyrs les œuvres de saint Euloge et d'Alvare (*Patrol. lat.* c.IX.)

[2] Alvare, *Vie de saint Euloge*, ch. IV.

là à en entendre le récit, quand les soldats du calife pénètrent chez sa sœur, se saisissent d'eux, les frappent et les emmènent en prison. C'était la couronne du martyre pour Euloge et Léocrétia.

Euloge ne chercha pas à se disculper ; il avoua l'aide qu'il avait donnée à la jeune musulmane convertie. « C'est là le devoir des prêtres, dit-il, c'est le caractère de la vraie religion, c'est l'enseignement de Notre-Seigneur Jésus-Christ. Tous ceux qui ont soif de la foi, et veulent puiser aux eaux de ce fleuve, trouvent deux fois plus qu'ils n'ont cherché.

C'était à la fois montrer aux musulmans et à Récarède, ce que doit être le vrai prêtre de Jésus-Christ. Euloge parla avec courage et profita de l'attention portée sur lui pour faire entendre les grandes vérités.

Son interrogatoire fut digne des grands martyrs d'autrefois.

« Que veux-tu faire de ces fouets ? demanda-t-il.

— T'arracher la vie.

— Aiguise plutôt et prépare un glaive. Il tranchera plus facilement le lien qui retient mon âme, et la laissera retourner à celui qui l'a envoyée. Tes fouets ne viendront pas à bout de séparer mes membres. »

Ce fut, en effet, par le glaive que finit son supplice, au milieu du IXe siècle.

Léocrétia resta inébranlable aux séductions et aux menaces. Quatre jours après, elle eut aussi la tête tranchée.

Les deux corps saints furent réunis dans la vénération des fidèles et dans les honneurs que leur rendit l'Eglise. Plus tard, le roi Alphonse III les réclama au calife Mohamed et les fit transporter à Oviédo.

Avant Euloge, car il fut leur historien dans son *Mémorial des martyrs*, d'autres membres du clergé ou des monastères de Cordoue avaient souffert la mort. Plusieurs d'entre eux, très instruits et possédant parfaitement la langue arabe, avaient fait de leur martyre une prédication pour les musulmans.

Perfectus avait demandé à dire ce qu'il savait de blâmable dans la vie de Mahomet. Le cadi, moins instruit sans doute, l'y avait autorisé. « Comment pourrait-il être compté parmi les prophètes, dit Perfectus, celui qui, aveuglé par la beauté de Zénaïd, la femme de Zaïd, son esclave, la lui arrache de ce droit barbare auquel obéissent le *cheval et le mulet qui n'ont pas d'intelligence* (Ps. XXXI) ; vit avec elle dans une union adultère, et proclame qu'il a agi ainsi par l'ordre d'un ange? » Il continua, et le Juge, lié par sa parole, le laissa en liberté. Mais peu après, on excite la foule contre lui, aux cris de : *Zalla Allah Halla Anabi V. A. Zallen*, on le traîne en prison, et, à la fin du Râmadan, on le met à mort.

Ce fut, non la terreur, mais l'enthousiasme parmi les chrétiens, les moines surtout, pour suivre cet exemple.

Au monastère de Tabane était un moine issu d'une des grandes familles de Cordoue. Il avait exercé près des Arabes la charge de greffier. Il va trouver le caïd, comme pour abjurer et demander à s'instruire dans la religion de Mahomet. La foule s'amasse pour entendre le caïd l'instruire. Alors Isaac, prenant la parole en arabe, dévoile les impostures de Mahomet. Exaspéré, le caïd le soufflette. Isaac, avec calme, lui dit qu'il vient de manquer au devoir du magistrat, puisqu'on ne doit pas souffleter un criminel digne de mort.

Chacune de ces leçons était payée cher sans doute, mais les vaillants ne manquaient pas pour prendre les places laissées vides par les martyrs.

Donnons leurs noms : Sanctus, venu de la *Gallia Comata* ; Petrus, né à Ecija ; Walabonsus, sorti d'Ilipa ; Salomon, du village de Fronio, près de Cordoue ; Wistremondus, d'Ecija ; Habentius, de Cordoue. Tous étaient moines, et pensèrent que le témoignage de leur sang valait mieux que les austérités qu'ils auraient pu pratiquer.

Sisenandus, venu de Béja, était attaché à la basilique de Saint-Aciscle ; Paul était diacre de la Basilique de Saint-Zoïle, etc.

Les femmes ne se montraient pas inférieures aux hommes. Nommons les Vierges Flora et Maria, aussi martyres sous Abderahman II. Nous avons déjà nommé les épouses de deux martyrs, Aurelius et Félix, martyres elles-mêmes. Citons Digna, Pomposa, parmi d'autres encore.

Mais une des plus belles figures dans cette pléïade, celle de Colomba, mérite de fixer l'attention.

Colomba était d'une opulente famille de Cordoue dans laquelle la sainteté avait donné des gages. Elle était la jeune sœur du saint et savant Martin, abbé du monastère de Tabanne. Une autre de ses sœurs, Elisabeth et son mari Jérémias, avaient fui le monde, se retirant chacun dans un monastère. Colomba, toute jeune, allait visiter son frère et sa sœur et prenait d'eux des leçons de science humaine et de science divine. La sainte Ecriture surtout avait tous ses attraits.

Colomba était déjà recherchée en mariage et sa mère la pressait de choisir un des prétendants. La jeune fille résistait, n'ayant qu'un désir, se réfugier près de sa sœur, au couvent des religieuses de Tabanne. La mère de Colomba s'irrita de ces refus, et la situation devenait difficile, quand Dieu lui apporta une solution, en retirant la mère de ce monde.

Sans hésiter, Colomba dit adieu à toutes ses richesses et courut se mettre sous la direction de sa sœur Elisabeth. Son oraison était si fervente que, le matin, elle la prolongeait pendant trois ou quatre heures, quelquefois jusqu'au milieu du jour. Dieu la comblait des douceurs de sa grâce et Colomba ne pouvait y répondre que par des larmes de joie, mais déjà le désir du martyre remplissait son âme et augmentait chaque jour.

Enfin, n'y tenant plus, semblable à sainte Eulalie, elle s'échappe un matin du couvent et court se présenter devant le caïd musulman.

Le caïd admire cette belle jeune fille, mais il est plus stupéfait encore de l'entendre. Telle que Perfectus et Isaac, c'est dans l'arabe le plus pur, avec leur science, que Colomba parle de Mahomet, de la fausseté de ses doctrines. En vain le caïd essaie de l'arrêter, pour que la foule qui s'amasse n'entende pas cette parole vibrante d'indignation. Il doit la faire entraîner au palais pour la présenter aux autres juges. Colomba, sans s'intimider, continue à parler devant eux et les réduit au silence. Un seul argument reste aux musulmans, c'est de la mettre à mort et la sentence est aussitôt exécutée au lieu même, aux portes du palais.

La victoire restait à Colomba et son acte courageux avait un immense retentissement, non seulement à Cordoue, mais dans l'Espagne entière. La honte des apostasies était effacée par ces glorieux martyres, et les musulmans en avaient assez de ceux qui venaient s'offrir à leurs coups, sans poursuivre dans leurs retraites les chrétiens fidèles.

Il y eut encore quelques martyres, mais Abderrahman comprit sans doute que la résistance des vrais catholiques était indomptable et que la persécution n'aurait qu'un résultat, produire des désertions parmi les musulmans eux-mêmes.

Sans rester aussi générale, la persécution contre les chrétiens continua de s'exercer çà et là, au gré des émirs qui se taillèrent bientôt de petits royaumes. Ce fut ainsi que saint Pélage fut martyr à Tuy, saint Martin, à Coïmbre, et bien d'autres dont à peine souvent une inscription fait revivre la mémoire.

Les musulmans se convertissaient aussi, et ne tardaient pas à être mis en demeure d'abjurer ou de mourir. Tel saint Dominique à Zamora.

Les expéditions guerrières étaient souvent l'occasion du massacre de paisibles religieux. En 872, les Maures s'étaient avancés près de Burgos. A deux lieues de la ville, s'élevait le monastère bénédictin de Saint-Pierre de Cardeña, fondé sous les rois Wisigoths. Les musulmans pénétrèrent dans cette paisible demeure, la saccagèrent et massacrèrent sous ses cloîtres l'abbé Etienne avec deux cents moines.

Celui de Sahagun (saint Facond et saint Primitif), fondé en 874 par Alphonse le Grand, était détruit dès 883 par les Arabes, et combien d'autres disparurent ainsi avec leurs religieux, sans que le nom même ou le souvenir en soit resté [1].

Mais il y a longtemps que Tertullien a écrit que le sang des martyrs est *une semence de chrétiens*. Le fait se produisait en Espagne comme il se produisit sous les empereurs païens, à Rome et ailleurs.

[1] Nous devons plaindre les victimes, mais aussi déplorer les trésors disparus pour la science, les copies faites patiemment par les moines et livrées aux flammes.

C'est précisément ce qui arriva pour la fille d'un chef maure de Bibistra, nommé Ibn-Afçoun. La famille entière se convertit. La mère s'appelait Colomba ; le père prit au baptême le nom de Samuel ; la jeune fille, celui d'Argentea. Celle-ci, désirant imiter les jeunes filles espagnoles qui vivaient dans le cloître, dit à son père : « Je vous en prie ; faites-moi bâtir dans l'enceinte de votre palais un refuge où je puisse, avec des jeunes filles qui m'accompagnent, exécuter ce que je désire. »

C'était en 1004. La ville de Bibistra fut renversée et le pays saccagé « comme on le sait », dit le biographe, sans donner plus d'explications [1]. Ibn-Afçoun, avec ses frères et les autres habitants de Bibistra, se réfugia à Cordoue, et confia sa fille à des religieuses qui s'y trouvaient encore.

Il y avait alors, dit l'historien de sainte Argentée, un chevalier d'un de ces Ordres qui servaient Dieu en portant les armes ; il avait une vie très mortifiée et désirait ardemment le martyre. En l'apprenant, Argentea se laissa entraîner à le désirer aussi.

Voici comment : un noble franc, nommé Vulfuran, fut inspiré de se rendre en Espagne. L'avis céleste lui indiqua Cordoue, où se trouvait une jeune fille du nom d'Argentea. Vulfuran s'y rendit en toute hâte et se mit à la recherche d'Argentea. Il la trouva, et aussitôt ces deux nobles âmes se comprirent. « Pourquoi, lui dit Argentea, hésiter et différer ? Aux armes ! » Vulfuran comprit ce langage surnaturel ; il se présenta aux musulmans, fut jeté en prison. Argentea s'était liée avec lui d'une sainte amitié ; elle le fut aussi des mêmes chaînes, dans la prison. Là, elle jeûna, fit de saintes lectures, jusqu'au jour où sa mort et celle de Vulfuran fut décidée par le calife. Ce fut en 1007. Argentea fut ensevelie dans l'église des *Trois Saints* (saint Fauste, saint Janvier et saint Martial). Vulfuran le fut dans un cimetière de la ville. Des miracles signalèrent bientôt leur sainteté.

[1] *Occurrente igitur æra DCCCCLXVI, subversa genitali urbe, et depopulato regno paterno, sicuti nonnullis notum est. Vie de sainte Argentée*, publiée par Berganza, *Antigued.*, t. I, p. 205).

Cette époque paraît avoir été marquée par un regain de persécution. On a trouvé dans l'église de Saint-André, à Cordoue, l'inscription suivante de la même époque (1004) :

HIC SPECIOSA CONDITA
SIMVL CVBAT CVM FILIA
TRANQVILLA SACRA VIRGINE
QVÆ NOVIES CENTESIMA
QVINTAQ SEXAGESIMA
FERA SVBIVIT FVNERA...

« Ici repose Speciosa avec sa fille Tranquilla religieuse, qui subit une mort cruelle, l'ère 966. »

Singulière société ! Quelques années plus tard mourut une femme chrétienne mariée à un musulman, comme l'atteste une autre inscription. Celle-ci semble symboliser ce qu'étaient alors les chrétiens de Cordoue, les Mozarabes, comme on les a appelés.

X

RELATIONS DU CALIFAT AVEC LES ÉTATS CHRÉTIENS

La résistance des Espagnols du Nord, assez précaire jusque-là, commença, au temps de la persécution et des martyrs de Cordoue, à devenir plus sérieuse. Le comté de Navarre, fondé par Aznar, avait maintenant ses rois, depuis Garcias Ximenès qui mourut en 880, et bientôt en avant, allait se fonder celui de Castille et celui d'Aragon. Le royaume des Asturies ou de Léon s'étendait, favorisé par les divisions des émirs.

Alphonse le Chaste, fils de Froïla, refusa de payer aucun tribut au calife, et fut vraiment digne du titre de roi. Il remporta plusieurs victoires sur les Maures, et s'empara de Lisbonne. Allié de Charlemagne, il sut se faire craindre. Ses successeurs, Ramire et Ordoño (Ranimirus et Ordonius) continuèrent à faire respecter leurs droits.

Alphonse le Grand, qui leur succéda, remporta de nombreuses victoires sur les Maures. Après une révolte de son fils Garcias, il lui pardonna et lui laissa son royaume, en donnant à son second fils, Ordoño, la Galice et Lisbonne. Mais il ne se résigna pas à l'inaction, et avec une armée, il entra sur les terres des Maures et revint à Zamora, où il mourut. Il tint la plume comme l'épée, et nous avons de lui une chronique précieuse qui commence au roi Wisigoth Wamba.

Le califat d'Abdérame III commença au moment où Alphonse III descendait dans la tombe. Les débuts de son pouvoir furent employés à apaiser les provinces rebelles à ses prédécesseurs. Puis il essaya de reprendre la lutte contre les Espagnols du nord ; mais il essuya deux défaites malgré la valeur de ses troupes.

Après avoir suspendu quelque temps toute tentative pour reprendre l'offensive, pendant que les rois de Léon, Ordoño, Froïla et Alphonse IV succédaient à Garcias, il appela au secours les Maures d'Afrique et reparut en Castille, à la tête d'une armée de 150.000 hommes.

Ramire II le rencontra près de Simanca, et la victoire qu'il remporta, après une journée de lutte, coûta la vie à 80.000 musulmans, massacrés ou noyés dans les eaux du Bernesga et du Duero. En vain Abdérame voulut rallier ses troupes : Ramire l'attaqua de nouveau près de Salamanque et le força à fuir.

Le calife revint plus tard et à plusieurs reprises attaquer la Castille et même le royaume de Léon. C'est alors que la Castille se couvrit de ces forteresses ou châteaux auxquels elle doit son nom, pour résister aux attaques souvent renouvelées des Maures. Diégo Porcellos donna l'exemple, après avoir défait un chef de Sarrasins dans les gorges de Pancorbo. Il bâtit l'enceinte d'une forteresse de refuge et lui donna le nom germanique de *Burg*. C'est l'origine de Burgos. Mais Abdérame, inquiet, s'avança contre la nouvelle ville et la détruisit [1].

Nous reviendrons sur les épisodes de cette lutte séculaire qui ne se traduisit plus sous le califat d'Abdérame III que par des prises d'armes de peu d'importance, à partir des faits que nous venons de raconter. La lutte était entre voisins; les Empereurs, successeurs plus ou moins directs de Constantin et de Charlemagne, s'en désintéressaient.

C'est l'époque où le califat atteignait sa splendeur, prenait contact avec la civilisation, et, pour ne pas rester isolé, essayait de lier des relations avec les princes chrétiens.

Abdérame III avait, dit-on, un revenu de 120 millions, grâce aux impôts considérables levés sur les descendants des vaincus. L'Andalousie, délivrée des guerres, cherchait dans son sol, dans les irrigations dont les Romains avaient laissé la tradition, à retrouver sa prospérité passée. Le calife déployait à Cordoue un luxe et une

[1] *Chronique* du chapitre de Léon.

magnificence inouïs. Les monuments étaient multipliés, palais, mosquées, bibliothèques, sans oublier un sérail de 600 femmes et une garde de 12.000 cavaliers en costumes splendides.

C'est au milieu de ces splendeurs de Cordoue qu'Abdérame reçut une ambassade envoyée par l'Empereur de Bysance, peut-être Constantin VII, aussi habile peintre et architecte que prince faible et indolent. Il avait éloigné les Turcs à force d'argent, et il voulait se concilier les Arabes d'Afrique et d'Espagne.

La cavalerie du Calife alla au devant des ambassadeurs ; l'infanterie les attendait, formant la haie. Les rues de Cordoue étaient couvertes de riches tapis de Perse, les maisons décorées de draperies d'or. Toutes les merveilles et tout le luxe dont les Arabes aiment à s'entourer, étaient installés dans la vaste galerie du palais qui conduit à la salle du trône. Là, Abdérame, entouré de ses officiers, reçut les ambassadeurs ; il leur fit un accueil splendide, les combla de présents, et au rètour les fit accompagner jusqu'à Constantinople.

Outre ces relations avec l'Empereur de Bysance, Abdérame voulut en entretenir avec l'Empereur d'Allemagne : il envoya une ambassade à Othon, et de riches présents. Il avait eu soin de mettre à la tête de cette ambassade un évêque. On les reçut avec honneur et on les retint longtemps en Allemagne ; un des motifs de ce retard, fut que dans sa lettre à l'Empereur, Abdérame avait eu le mauvais goût de mettre des blasphèmes contre le Christ. On résolut, en envoyant des ambassadeurs, de les charger de réfuter ces erreurs, s'ils en trouvaient l'occasion.

La mission était délicate. Bruno, secrétaire de l'Empereur, choisit trois religieux que devait accompagner un jeune homme de Verdun nommé Ermenhard, qui connaissait l'Espagne. Mais un des trois moines vint à manquer, et on était dans l'embarras, quand un autre moine, nommé Jean de Vendières, vint s'offrir, à la grande satisfaction de l'Empereur. C'est à cet homme de Dieu qu'il confia sa lettre pour le calife. Le récit de l'ambassade mérite d'être raconté, tant il peint au vif la situation.

Le voyage se fit par Langres, Beaune, Dijon, Lyon. De là on

gagna le midi de la France et Barcelone. On se reposa quinze jours dans cette ville, pour envoyer un messager à Tortose, la première ville du Califat. L'émir de Tortose invite les ambassadeurs à venir le trouver, les retient un mois entier et leur fournit tout en abondance, pendant qu'il les fait annoncer en toute hâte au Calife. Toutes les villes qui se trouvent sur la route reçoivent l'ordre de faire aux ambassadeurs une magnifique réception.

Enfin, ils arrivent à Cordoue et on les loge dans une maison à deux milles du palais. Ils y furent magnifiquement traités ; mais leur séjour s'y prolongea, parce qu'un prêtre de l'ambassade musulmane, revenu avec celle de l'Empereur, pour ne pas se présenter les mains vides, avait pris copie des lettres de créance et les avait présentées. L'indiscrétion pouvait coûter cher aux ambassadeurs impériaux.

L'entourage du calife délibéra sur cette difficulté ; heureusement l'affaire avait fait peu de bruit et le calife fit semblant de tout ignorer. Pour mieux éviter le péril, Abdérame envoie un Juif très habile, nommé Hasden, qui va trouver les ambassadeurs novices dans les usages musulmans, les instruit de ce qu'ils ont à faire et à éviter, et enfin, ayant su ce que contenaient les lettres de créance, leur conseille de ne pas les montrer.

Quelques mois après, leur arrive un Evêque nommé Jean qui leur dit secrètement que le Calife leur enjoint de présenter seulement leurs présents.

« Que ferons-nous donc des lettres de l'Empereur, dit Jean de Vendières ? C'est à cause de cela surtout que nous sommes ici. Votre maître a envoyé des blasphèmes, et ces lettres réfutent ses erreurs.

— Réfléchissez, dit l'Evêque avec modération, dans quelle condition nous nous trouvons. Nos péchés nous ont fait tomber sous la domination des païens. L'Apôtre nous défend de nous révolter. Il ne nous reste qu'une consolation, c'est dans ce malheur d'avoir encore nos lois pour nous régir. Les musulmans aiment et estiment ceux d'entre nous qui observent la religion ; ils se plaisent avec nous, tandis qu'ils ont en horreur les Juifs. Actuellement où on n'attaque pas notre religion, il nous paraît bon d'obéir pour le reste. Aussi vaut-il mieux que vous taisiez ce que vous vouliez dire. »

Jean de Vendières, nullement convaincu, reprocha vivement à l'Evêque de lui conseiller cette dissimulation et d'adopter certaines coutumes des musulmans. Puis il protesta qu'il ne paraîtrait pas sans les lettres de l'Empereur.

L'Evêque ayant informé le Calife de cette obstination, celui-ci se trouva dans un grand embarras. Il essaya d'effrayer Jean en lui écrivant que les chrétiens de ses Etats allaient en pâtir. Jean de Vendières reçut cette lettre un dimanche, car tous les dimanches e aux fêtes, il allait à l'église voisine de Saint-Martin [1], entouré d'une garde de 12 soldats, « quos sagiones vocant ». Mais il ne la lut qu'à son retour, et il ne s'en effraya pas.

Il se mit à dicter à Garamne, un de ses compagnons, une lettre dans laquelle il se disait prêt à tout souffrir plutôt que de manquer à sa mission. Si le Calife tuait les chrétiens, il ne se regardait pas comme responsable de leur mort. Et, sur ce sujet, il en dit si long que la page en fut remplie, *et paginæ totius campum replevereunt*.

Le Calife, loin de s'irriter en recevant cette lettre, réfléchit : La crainte de se mettre sur les bras un homme comme l'Empereur l'arrêta ; pensant que la prudence de Jean n'était pas inférieure à sa fermeté, il lui fit demander ce qu'il avait à faire. Jean répondit que si on lui avait parlé ainsi tout d'abord, les choses auraient mieux marché. Il conseilla d'envoyer un messager à l'Empereur pour prendre ses ordres. On eut de la peine à trouver quelqu'un. Enfin, un homme nommé Recemond, très bon catholique, et aussi instruit pour le latin que pour l'arabe, car il avait au palais la charge de veiller sur les *placet* à présenter, accepta de dire la difficulté et d'apporter la réponse. Plusieurs compagnons lui furent adjoints. Le Calife, reconnaissant, lui donna un évêché. En moins d'un an, il accomplit son voyage et revint à Cordoue.

Enfin Jean de Vendières reçut un jour l'ordre de se présenter de-

[1] Saint-Martin de Royana.

vant le Calife avec les lettres rapportées. Mais on lui dit qu'il devait se couper les cheveux, se laver le corps et se vêtir d'un habit plus riche. Jean refusa de le faire. Les gens du Calife crurent qu'il n'avait plus d'argent pour en acheter, et, sur l'ordre d'Abdérame, lui remirent dix livres d'argent pour acheter des habits convenables. Jean se demanda d'abord s'il devait recevoir cet argent ; puis, songeant qu'il valait mieux l'employer pour les pauvres, il fit remercier le calife de sa munificence et de sa sollicitude pour lui. Il ajouta une parole digne d'un moine : « Je ne méprise pas les présents du prince, mais je ne peux porter un autre habit que celui de moine ; je ne revêtirai qu'un vêtement noir. »

Quand Abdérame sut cette réponse, il dit : « Je reconnais là quelle est la fermeté de son caractère. Qu'il vienne, s'il veut, couvert d'un sac ; je le recevrai volontiers, et il ne m'en sera que plus agréable. » Et il voulut que ce pauvre ambassadeur fut reçut aussi bien que ceux d'Orient.

Le jour où il devait être présenté fut donc fixé, et on fit des préparatifs de toute sorte, pour que la réception fût entourée d'une pompe royale. L'abbé Jean lui-même en a fait le récit [1].

Tout le chemin depuis le lieu où Jean et ses compagnons étaient hébergés jusqu'à la ville, et de là jusqu'au palais du calife, était bordé par une haie de soldats. Ici c'étaient des fantassins tenant la lance appuyée à terre, et brandissant d'une main ferme des traits comme dans un combat. Après eux, des hommes montés sur des mules et légèrement armés ; puis des cavaliers excitant de l'éperon leurs chevaux et les faisant caracoler. Alors apparurent des Maures (peut-être des nègres africains) « dont la vue, dit le récit de Jean, effrayait les nôtres ». Ils les guident au palais en soulevant dans leurs fantasias des nuages de poussière « qui n'étaient que trop fréquents alors, car on était au solstice d'été ». Les grands arrivent à leur rencontre, jusqu'à l'entrée des galeries dont le pavé était couvert des tapis et des étoffes du plus grand prix.

[1] *Vie de Jean de Gortz* (ou de Vendières) dans Pertz, *Monumenta Germaniæ histor.*, t. IV, p. 369 et suivantes.— Cette vie a été publiée dans D. Mabillon, *Acta SS. O-S-B.*, ve s.

« Quand on fut arrivé à l'appartement où le calife se tenait seul, comme un dieu qu'il n'était possible à aucun homme d'aborder, nous vîmes de tous côtés des tentures étranges, qui ressemblaient aux étoffes du pavé. Le calife était appuyé sur un lit (divan) de la plus grande magnificence, car ils ne se servent pas comme les autres peuples de trônes ou de sièges, mais ils sont appuyés sur des lits pour parler et pour manger, une jambe croisée sur l'autre ». Lorsque Jean arriva près du calife, il lui présenta sa main à baiser ; il lui fit signe de s'asseoir sur un siège qu'on avait préparé. Puis, après un long silence, on se mit à traiter la question de l'alliance avec Othon le Grand.

Nous avons cité, dans sa naïveté, ce récit qui donne mieux la physionomie de la cour de Cordoue que les exagérations des conteurs arabes. A les lire, on croirait entendre un des contes les plus merveilleux des Mille et une nuits.

C'est vers la même époque qu'il faut placer le voyage du célèbre Gerbert en Espagne.

Gerbert était moine, tout jeune encore, au monastère de Saint-Gérault, à Aurillac, quand Borel, comte d'Urgel et de Barcelone, ou mieux commandant des Marches d'Espagne, y vint, dit un historien [1], pour prier. L'abbé qui voyait Gerbert jalousé par ses moines à cause de son talent et des préférences qu'il avait pour lui, le confia au comte Borel pour le faire instruire en Espagne. Borel l'emmena et le mit près d'un homme très instruit, Hatton, évêque de Vich, sous lequel Gerbert fit de grands progrès dans les sciences, et en particulier dans les Mathématiques.

Gerbert alla-t-il de là à Cordoue ? Adhémar de Chabanais et d'autres l'affirment [2]. Il resta trois ans en Espagne, et c'est lui qui fit connaître en France non seulement les *chiffres arabes*, mais la numération telle qu'elle avait été importée de l'Orient à Cordoue.

Olleris (prét. aux œuvres de Gerbert) dit que les principaux livres

1 Richer, *Le théâtre du monde*, III, 57. — La Marche d'Espagne avait été réunie à la Septimanie, en 839, par le traité de Worms. Elle comprenait Girone, Besalu, Urgel et Ribargorça.

2 Mabillon, *Annales*, à l'an 964.

lus par Gerbert furent Victorinus, Marcius Capella et Boèce ; ce furent sans doute au moins ceux qu'il ne connaissait pas encore [1]. En 970, Borel l'emmena à Rome. De là Gerbert devint abbé de Bobbio, en Lombardie, écolâtre de Reims, archevêque de Ravenne, puis pape (le premier pape français) sous le nom de Silvestre II. Ses connaissances scientifiques lui valurent dans le Moyen Age le surnom de magicien [2]. On lui attribua l'invention des horloges à roue, et en particulier celle de Magdebourg.

Abdérame III mourut en 961. Le renom de grandeur qu'il mérita plana sur le califat bien longtemps. On raconte de lui un trait de générosité bien surprenant pour le vaincu de Simanca, mais qui s'explique par un but de politique. Sanche I, roi de Léon (en 967) chassé de son royaume et malade, aurait imploré son secours. Abdérame l'aurait accueilli, secouru et rétabli sur son trône. Abdérame le fit pour intervenir dans les affaires du royaume de Léon, alors que l'usurpateur, Ordoño le mauvais, était en lutte avec le successeur d'Ordoño III. Le fait prouve au moins qu'on avait confiance dans le noble caractère du Calife et qu'il était un grand politique.

Il laissa les chrétiens d'Andalousie en paix. On le voit, à défaut d'autres renseignements, par les marbres funéraires découverts à Cordoue ou aux environs, épitaphes de religieux, de religieuses, de femme chrétienne mariée à un sarrasin, etc. [3].

Sous son califat, la bibliothèque de Cordoue comptait, disent les historiens arabes, 600.000 volumes. Le chiffre peut être vrai : les Maures avaient assez pillé l'Espagne, confisqué de livres, conformément à une de leurs ordonnances de police, aux chrétiens, pour qu'elle pût atteindre ce chiffre. On peut concéder aussi le tableau qu'on fait de Cordoue avec ses palais splendides, 100.000 maisons,

[1] Est-ce à Vich ou dans les monastères de Cordoue que Gerbert consulta ces auteurs ? Il n'y a pas de doute que s'il est allé à Cordoue, c'est là que lui, moine, comme Jean de Vendières, s'est retiré.

[2] Ce fut la calomnie que lança contre lui Brennon, cardinal du parti de l'antipape Guibert, et qu'on accepta plus tard comme un éloge de sa science.

[3] V. Hübner, *Inscript. hisp. christ*, t. II, nos 220, 221, 223, 224, 225, 226.

80.000 bazards, 700 établissements de bains, 1.600 mosquées; qu'importe?

Ce qui est certain, c'est que la science arabe ne commença à briller à Cordoue que sous Al Hakem II, fils du calife Abdérame III. Ibn Hâyan fait le plus grand éloge de la science du droit de ce calife et de son érudition. C'est lui qui fit venir en Espagne beaucoup de savants orientaux [1]. Ce fut sous ses auspices que fut fondée la célèbre académie de Cordoue, ainsi que d'autres réunions de savants et des bibliothèques en divers lieux.

Son frère Abdallah abû Mohamed suivit ses traces et son autre frère Mohamed ben Abdel-mélek fut un poète, ainsi que Abd-el-Aziz, fils de Abdérame III [2].

C'est alors seulement que les Arabes d'Espagne commencèrent à s'occuper de poésie et d'érudition. Mais on ne trouve que plus tard des médecins et des philosophes marquants.

On ne cite même aucun nom remarquable avant le XIIe siècle, longtemps par conséquent après la chute des califes ommyades.

Il ne faut pas croire que les purs musulmans fussent favorables à ces études. Sous Abdérame III, ils avaient protesté contre les écrits philosophiques d'Ibn Massara, l'un des professeurs de Cordoue, et le calife avait dû les laisser brûler, en arrachant avec peine l'auteur au feu qui consumait ses livres.

« Plus tard le tout-puissant vizir Al-Manzor s'inclinait à son tour, mais plus profondément encore, devant les préjugés de ses coreligionnaires. Soupçonné d'opinions trop hardies, et voulant à tout prix raffermir sa popularité et son pouvoir que ces soupçons mettaient en danger, il ouvrit aux faquis de Cordoue la riche bibliothèque du calife Hacam II (Hescham II), avec ordre ou permission de l'expurger à leur gré. Ces lettrés en retirèrent tous les ouvrages philosophiques, historiques ou scientifiques, dont leur intolérance suspectait le contenu, et les livrèrent aux flammes [3]. »

[1] On sait par l'historien arabe Massoudi que vers l'an 939, un évêque de Girone, nommé Godmar, ayant été envoyé près du calife, composa pour Al Hakem une histoire de France depuis Clovis.

[2] Mss. de l'Escurial, de l'an 990 de l'Egire.

[3] Dozy, *Histoire des musulmans d'Espagne*, t. III, 175.

Nous sommes loin, on le voit, même à la plus belle époque du calificat, de l'enthousiasme pour la science dont on a voulu faire hommage aux Arabes. Accordons-leur la prospérité matérielle, si favorable à toutes les grandes entreprises de la paix, que les Maures ne surent pas maintenir.

Un bienfait plus sérieux pour l'Espagne du règne d'Abdérame III, fut la culture du cotonnier que les Arabes avaient apporté de l'Inde, et auquel ils donnèrent son nom de *al-coton*. Les Espagnols disent encore *al-goton* pour le désigner. C'est dans la plaine de Valence que furent plantés les premiers cotonniers. Avec la plante, les Arabes apportaient le secret de la fabrication du coton et les manufactures de Cordoue, de Séville et de Grenade acquirent une grande réputation pour un produit si nouveau en Occident [1]. Séville surtout produisit des tissus qui bientôt rivalisèrent avec les plus beaux tissus de Syrie.

Cordoue s'acquit une plus grande réputation avec l'industrie des cuirs, et les *cuirs de Cordoue* se répandirent dans tout l'Occident. Peut-être faut-il faire honneur de l'art aux Maures plutôt qu'aux Arabes ; c'est aux Maures que revient au moins l'habileté à travailler les peaux de chèvre et d'agneau pour en faire le *maroquin*.

Nous avons dit déjà que les Arabes introduisirent à Tolède la trempe de l'acier pour les épées et les armes blanches. C'est au xe siècle que l'usage s'en répandit en Europe, et le bonheur des Chevaliers fut de posséder une *lame de Tolède*. Les armes de Damas, en acier damassé, avaient aussi une grande réputation.

Cette grande prospérité ne devait pas durer longtemps par suite des révoltes continues des Maures.

Après la chute des Ommyades, en 1031, le califat de Cordoue fut fractionné en plusieurs petits Etats gouvernés par des émirs, auxquels les chroniqueurs donnent le nom de rois. Les relations de ces petits princes musulmans avec les rois chrétiens furent parfois moins tendues, comme en témoigne l'histoire de sainte Casilda.

[1] Le coton était connu des Anciens sous le nom de *gossypium*. L'Inde, la Syrie, l'Egypte en faisaient usage depuis très longtemps.

« Donc, au XIe siècle, le roi musulman de Tolède avait une fille uniquement aimée ; Casilde était son nom. Au milieu des fêtes dont son père l'entourait, elle se prit de pitié pour les prisonniers chrétiens qui languissaient dans les cachots du château, et chaque jour elle leur portait quelque nourriture. On dit qu'un soir son père la rencontra cachant dans un pan de sa robe le pain et le vin des captifs ; et comme il la pressait de questions : « Je porte des roses », dit-elle, et, laissant retomber son vêtement, elle répandit une pluie de fleurs.

« Les prisonniers remerciaient leur bienfaitrice en lui chantant leurs cantiques : elle apprit à connaître le Christ et la mère du Christ. Mais une inflexible fatalité semblait lui fermer les portes de l'Eglise. Dieu les lui ouvrit en la frappant d'un mal qui résistait à tous les soins. Une vision l'avertit qu'elle ne trouverait la santé que dans les eaux du lac de Saint-Vincent, près de Briviesca, en terre chrétienne. Le père éperdu consentit au voyage. Mais il voulut que sa fille partît avec une suite nombreuse et chargée de présents pour le roi Ferdinand I qui régnait dans Burgos.

« Ferdinand fit à la musulmane un accueil royal. Bientôt après, elle se plongeait dans les eaux du lac de Saint-Vincent ; elle en sortit guérie et demanda le baptême. Puis, congédiant son cortège, elle se bâtit près du lac une cellule où elle acheva sa vie dans la pénitence. Chaque année, le 17 avril amène à l'ermitage de Sainte-Casilde les laboureurs et les pâtres des montagnes voisines : ils ramassent avec respect, aux lieux où la pénitente châtiait son corps, de petites pierres rouges qu'ils croient tachées de son sang [1]. »

La châsse qui contient les reliques de Sainte-Casilda, devenue une des patronnes de la Vieille-Castille, est vénérée à la cathédrale de Burgos, dans la chapelle de Saint-Grégoire.

Sous les voiles de cette légende, on voit que les luttes entre les chrétiens et les musulmans avaient des trèves. Mais elles étaient rares, et les combats fréquents.

Et cependant c'est à cette époque de relations avec les Etats

[1] Ozanam, *Pèlerinage au pays du Cid.*

chrétiens, sous le règne de ces émirs, que l'on commence à citer des noms d'écrivains arabes.

Nous citons les plus remarquables pour appuyer par les dates et le genre des œuvres ce que nous avons dit plus haut.

L'an 515 de l'hégire (1120) florissait à Cordoue le célèbre grammairien 'Abd-Allah-Alma-Khrumi. Parmi les poètes, l'an 555, Mohamed-ben-Iza, et Mohamed-al-Salvi, qui fut le grand docteur de la poétique. Mohamed ben Yussef, de Saragosse, institua à Cordoue les Académies de langue arabe, de rhétorique et de poésie. Il mourut l'an 538 de l'hégire (1143).

Grenade, Séville, Badajoz et Cordoue donnèrent le plus d'écrivains. Les Beni-Alaphtas régnaient à Badajoz, que les Arabes nommaient Bathlios, et on écrivit sur eux un poème en 1179.

Averrhoès est la véritable gloire de Cordoue. Il y naquit au XIIe siècle. Nommé juge au Maroc, il ne quitta pas sa ville natale. Dans sa jeunesse, il avait cultivé la poésie. Il fut le premier à traduire en arabe la philosophie d'Aristote, dont il donna un commentaire. Le Moyen Age l'eut en haute estime, car il ne connaissait encore que la logique d'Aristote. Les historiens l'ont mis à la tête des philosophes arabes. Sa traduction, mise en latin, fut longtemps seule à faire connaître le philosophe grec, sur la physique, la métaphysique et la morale. Il a écrit aussi, sur la *Nature de l'Univers*, des livres de médecine, des *Commentaires sur les canons d'Avicenne*. Deux de ses fils allèrent en Allemagne, à la cour de Frédéric II.

Mohamed-ben-Almorade (Ebn-Al-Aschab), né à Tunis, vint à Cordoue et y publia des poèmes.

Mohamed-ben-Hassen, venu de Fez, donna un ouvrage très remarquable sur l'art poétique. Il mourut à Grenade, l'an 748 de l'Egire.

Aben-Pace, né à Cordoue, au commencement du XIIe siècle, a écrit, est auteur d'esquisses et de pensées morales. Avant lui, un autre Cordouan, Aben-Ragel, avait écrit sur le *Destin des Etoiles*.

Quelques historiens apparaissent parmi les poètes. Abû-Abd-Allah (el-Homaïdi), de Cordoue, a écrit un abrégé d'histoire, continué jusqu'à l'an 560 de l'Hégire.

Abû-l-Kassem, de Cordoue aussi, a écrit l'histoire des Espagnols illustres.

Meroadi a écrit une histoire, *Les prés dorés*. Aben-Hayan, l'histoire des princes arabes de la maison d'Ommeya.

Un des plus savants parmi les Arabes, fut Aben-Alabar (el-Kodaï) de Valence.

Aben-Bitar (al Beïthar), né près de Malaga, fut un célèbre botaniste et médecin. Il a écrit un Recueil de médicaments simples.

Aben-Ezra n'était pas arabe, mais juif. Il était né à Tolède (en 1119). Il fut philosophe, astronome, cabaliste. Dans ses commentaires de la Bible, il rompit avec les traditions de sa nation et s'attacha au sens littéral.

Casiri, dans sa description de l'Escurial, a publié des fragments d'auteurs arabes ; mais on y a relevé des erreurs nombreuses. C'est par lui cependant que les noms de beaucoup d'écrivains arabes ont été arrachés à l'oubli.

XI

LES HÉROS DE L'ESPAGNE EN CASTILLE

Les Espagnols du Nord, toujours en armes, n'avaient guère le temps de s'enrichir et de s'adonner aux études. Les chefs Castillans surtout, dans les forteresses où ils veillaient soit à repousser, soit à attaquer les Maures, avaient bien d'autres soucis.

Avant le *Cid*, le type de ces vaillants jouteurs, Fernan Gonzalez, est chanté dans les ballades comme l'incomparable chef qui conquiert un à un tous les châteaux voisins de Burgos, refoulant les musulmans au midi, les Navarrais au Nord, et réunissant la Castille, au xe siècle, en un seul comté libre et héréditaire.

Il fut le fondateur de la Castille, malgré les rois de Léon. A la nouvelle de sa captivité, tous les hommes de Burgos se sont levés.

« Tous ont fait le jurement, tous d'une seule voix, de ne point rentrer en Castille sans le comte, leur seigneur. A leur tête, ils mènent sur un chariot son image taillée en pierre : ils ont résolu, s'il ne revient pas, qu'ils ne reviendront point eux-mêmes. Non ! et comme de bons vassaux, ils cheminent aux bords de l'Arlanzon, au pas des bœufs, et mesurant leurs journées sur le soleil... Il s'agit d'affranchir la Castille du cens féodal qu'elle doit à Léon [1]. »

Le grand comte n'a pas d'autre but. Convoqué aux Cortès de Léon, il s'y rend hardiment, monté sur un cheval de prix, portant

1 Ozanam, *Le pèlerinage au pays du Cid*, III. *La ville des héros*. — Le tombeau de Fernan Gonzalez se voit encore au monastère de Saint-Pedro d'Arlanza.

le faucon au poing. La ballade raconte que le roi convoite ces animaux et les achète pour une somme payable à terme fixe, et qui doit doubler pour chaque jour de retard. Quand il les possède, le roi refuse de payer et Fernan reprend les armes. Victorieux enfin, il réclame le prix qui a produit une somme fabuleuse. Les arbitres reconnaissent que tous les trésors du royaume ne suffiraient pas. Fernan obtient, en échange de sa créance, l'indépendance absolue de son comté.

« Le comte le tint pour bon, car il lui pesait beaucoup de baiser la main d'un autre homme, et il rendait à Dieu beaucoup de grâces pour avoir délivré de l'allégeance de Léon la glorieuse Castille. »

Je ne raconterai pas la légende des sept fils de Don Gonzalo Bustos de Lara, prisonnier des infidèles à Cordoue. La trahison et la cruauté vinrent sans nul doute attrister plus d'une fois la bravoure des chrétiens. Mais on ne peut taire la légende du Cid campéador, Rodrigo Diaz de Vivar, né, selon l'inscription de Burgos, en 1026 [1]; il fut un des grands capitaines qui aidèrent Alphonse VI, mort en 1109.

Ce fut Ferdinand I qui porta le premier le titre de roi de Castille. Fils de Sanche III, roi de Navarre, il livra bataille à Alphonse V, roi de Léon, et le tua. Maître de ce royaume par droit de conquête et par le droit de sa femme qui donna peut-être occasion à cette guerre, Ferdinand se fit couronner roi de Léon et des Asturies, en 1038. Il tourna ensuite ses armes contre les Maures et poussa ses conquêtes jusqu'en Portugal. Mais il les retourna bientôt contre les chrétiens, contre son propre frère, Garcias III, roi de Navarre, qu'il tua dans une bataille. Ces divisions retardèrent trop souvent la conquête de l'Espagne entière, et ces rudes batailleurs commirent cette faute de se faire la guerre et de s'affaiblir. Ferdinand proclama roi ses trois fils [2]. Vérémond III devait être le dernier roi de Léon

[1] *En este sitio estuvo la casa y nacio el año de MXXVI Rodrigo Diaz de Vivar llamado el Cid campeador.*

Le nom de Diaz ou Diego (Didacus) est le nom de son père, Vivar, celui du village qui fut son fief héréditaire.

[2] Garcias était roi de Galice, Alphonse de Léon, et Sanche « le Fort » de Castille.

et des Asturies, ce berceau de l'indépendance espagnole; son royaume fut donné à Alphonse qui le réunit bientôt à la Castille.

Sanche II eut la Castille, attaqua Garcias, roi de Galice, son frère; puis il attaqua son autre frère, le roi de Léon, le vainquit et le relégua dans un monastère. Ambitieux et violent, il fut assassiné au siège de Zamora, ville que son père avait donnée en dot à sa sœur.

Alphonse VI fut, à la mort de son frère, roi de Léon, de Castille et de Galice. On lui donne le titre de « Vaillant » et il le mérita. Il prit la ville de Tolède, en 1085; il en fit la capitale de ses Etats. Il soumit encore Talavera, Huescar, Madrid, Medina Cœli et plusieurs autres villes conquises sur les Maures.

Ce nom de *Maures* revient en effet se placer dans l'histoire d'Espagne et y prendre un rang si prépondérant qu'il fera oublier celui des Arabes. Les Arabes décimés par de nombreuses défaites, usés par l'amollissement d'une vie livrée aux plaisirs en avant-goût du paradis de Mahomet, ne se sentirent pas assez forts pour résister seuls aux luttes contre les royaumes chrétiens. Ils firent appel aux Maures d'Afrique à qui ils devaient la conquête d'Espagne et qu'ils avaient ensuite écartés sous les califes ommyades. Les Maures ne se firent pas prier pour revenir au beau pays d'Espagne. Des secours arrivèrent du Maroc et se renouvelèrent sans cesse, envoyés par les sultans de Fez, les Almoravides, puis les Almohades qui les chassèrent en 1146.

De là cette habitude pour les Espagnols, qui les trouvèrent en présence dans toutes les luttes soutenues pour leur indépendance, d'englober sous le nom de Maures, *los Moros*, tous leurs adversaires musulmans. De là aussi le souvenir si pénible des atrocités commises par des ennemis pour qui rien n'était sacré. Tels ils furent rejetés sur les rivages d'Afrique, tels ils restèrent longtemps, n'ayant de la foi musulmane que le fanatisme, la cruauté, l'horreur du nom chrétien.

Alphonse, outre le Cid et ses autres capitaines espagnols, fut aidé dans ses conquêtes par un Français, un arrière-petit-fils de Hugues

Capet, Henri de Bourgogne, à qui il céda pour ses services le royaume de Portugal à constituer.

Nous voudrions raconter l'histoire du Cid [1]; mais sa Chronique est plus poétique que véridique, et on ne peut guère y trouver à relever que le type de la fierté castillane, les grandes chevauchées contre les Maures, la pauvreté de ces grands capitaines au retour de leurs exploits merveilleux. L'histoire vraie n'a jamais été écrite pour eux et ne le sera jamais. Le seul document, en style un peu barbare, est l'épitaphe que fit graver Alphonse X sur sa tombe :

Belliger, invictus, famosus morte, triumphis,
Clauditur hoc tumulo, magnus Didaci Rodericus.

« Grand guerrier, invincible, fameux par sa mort et ses victoires, Rodrigue Diaz est enfermé dans ce tombeau ».

Ferreira montre la fausseté de la légende qui a mis le Cid en lutte avec Gormas, le père de Chimène [2], épisode qui a fourni le thème à la belle tragédie de Corneille. Il eut un fils et deux filles de son mariage avec Chimène Diaz. Les deux filles épousèrent deux princes de la maison de Navarre.

Citons, sinon comme authentique, au moins comme donnant le caractère indépendant des chefs au service des princes castillans, la scène où le Cid ose exiger du roi Alphonse qu'il n'a trempé en rien dans le meurtre de son frère Sanche II à Zamora.

« Et le jour que le roi devait jurer, étant à Sainte-Agathe, le Cid prit dans ses mains le livre des saints Evangiles et le posa sur l'autel. Et le roi don Aphonse étendit les mains sur le livre, et le Cid commença à l'interroger en ces termes : « Roi don Alphonse, vous venez jurer, touchant la mort du roi don Sanche, votre frère, que « vous ne l'avez pas tué, que vous n'avez pas été dans le secret du « meurtre. Dites : *Je le jure,* vous et ces autres hidalgos ».

[1] Ce nom de *Cid* donné à Rodrigo paraît être le nom arabe *al-chaïd*, le chef. Un ami et compagnon du Cid, Alvaro-Haniz-Al-Chaïd, le portait aussi. Au lieu de Haniz, on lit Fañez dans le Romancero.

[2] Chimène, Ximenès, viennent du même mot *Scemenus*, *Scemena*, qu'on trouve dans les histoires et les chroniques du Moyen Age.

« Et le roi et ses hidalgos répondirent : « Nous le jurons ».

« Et le Cid ajouta : Si vous en avez su ou ordonné quelque chose, puissiez vous mourir de la main du roi don Sanche, votre frère ! Qu'un vilain vous tue, et non le fils d'un noble ! qu'il vienne d'une autre terre, et non de la Castille ! »

« Le roi et les fils de nobles qui juraient avec lui répondirent : *Amen.* »

« Et le Cid voulut que le roi répéta par trois fois le même serment. La seconde fois, le roi changea de couleur ; la troisième, il fut très irrité contre le Cid, et désormais il ne l'aima plus[1]. »

La chronique du Cid, qui dramatise ce fait, si elle disait vrai, supposerait qu'à partir de son couronnement, Alphonse tint en disgrâce son vaillant capitaine, ce qui n'est pas. Alphonse n'agit ainsi envers le Cid que longtemps plus tard, ou du moins le Cid rentra en grâce. Cinq émirs musulmans s'étaient avancés en pleine Castille, et ravageaient cette belle vallée plantureuse, couverte encore de nos jours de vignes, et appelée la *Rioja.* Le Cid remporta la victoire sur eux. Le véritable exil du Cid n'eut lieu que plus tard, peut-être pour quelque soupçon exprimé trop librement.

Le poème du Cid, antérieur à la chronique, nous le montre retournant chez lui après cette disgrâce.

« Mon Cid Ruy Diaz entrait dans Burgos ;
Il menait en campagne soixante bannières.
Hommes et femmes sortent pour le voir,
Les gens de Burgos sont aux fenêtres,
Pleurant de leurs yeux, tant ils ont de douleur ;
Et de leurs bouches tous disent une même parole :
« Dieu ! quel bon vassal, s'il avait un bon seigneur ! »
Mais nul n'osait l'inviter.
Le Campéador s'achemina vers son gîte ;
Quand il y arriva, il trouva la porte bien fermée...
Le Cid vit maintenant qu'il n'avait nulle grâce à espérer du roi.
Il s'éloigna et chemina rapidement,
Il arriva à Sainte-Marie (la Cathédrale).
Aussitôt il descendit de sa monture,

[1] *Chronica del Cid*, cap. LXXVIII et LXXXIX.

Il se jeta à genoux, et pria de cœur.
La prière faite, aussitôt il chevaucha,
Sortit par la porte et s'arrêta près de l'Arlanzon.
Près de la ville, sur la grève, il campa et planta sa tente[1] ».

N'allez pas croire que semblable à l'Achille d'Homère, Cid s'enfermera dans sa tente et refusera de tirer l'épée de nouveau. Il est trop chrétien et trop chevalier pour agir ainsi. Le lendemain, il emmena sa femme Chimène et ses deux filles au monastère de Saint-Pierre de Cardeña que le roi Alphonse III avait fait rebâtir, et confia ce trésor à l'Abbé. Puis il voit qu'il a besoin d'argent pour tenir la campagne. A Burgos étaient deux Juifs, dit la Chronique qui cite leurs noms, Rachel et Bidas, avec lesquels il avait coutume de trafiquer de son butin. Il envoie les chercher.

« Ce pendant il fit prendre deux coffres grands et garnis de fer, munis chacun de trois serrures, si lourds qu'à peine quatre hommes pouvaient en soulever un, même vide. Et il les fit remplir de sable, et couvrir la surface d'or et de pierres précieuses. Et quand les Juifs furent venus, il leur dit qu'il avait là quantité d'or, de perles et de pierreries, et que, ne pouvant emporter ce grand avoir avec lui, il les priait de lui prêter sur ces deux coffres ce dont il avait besoin. Et les Juifs lui prêtèrent 300 marcs d'or et 300 d'argent[2] ».

Puis il partit pour aller faire le siège de Valence, « l'honneur et la joie des Maures, la ville aux fortes murailles, dont les blancs créneaux brillaient au soleil[3] ».

Le siège fut long ; la troupe du Cid était trop faible pour s'en emparer de vive force. Il ne put que réduire la ville par la famine. Quand il eut pris la ville, il se souvint des deux Juifs de Burgos et leur renvoya l'argent prêté. Puis il poursuivit ses exploits. Ce fut le temps de ses victoires les plus éclatantes sur les Maures. Mais il a désormais sa ville à lui, où peuvent se retirer Chimène et ses filles.

Quand la mort des braves l'eut jeté à terre, sa veuve et ses amis

[1] *Poema del Cid*, v. 15 et suivants.
[2] *Chronica del Cid*, c. xc.
[3] Poème arabe du *Cancionero de Baena*.

le ramenèrent à Saint-Pierre de Cardeña où il voulait reposer ; ce ne fut pas dans un cercueil, mais embaumé, lacé dans son armure, dressé sur son cheval de guerre [1]. Dans le tombeau, comme Charlemagne, on l'assit sur son escabeau, enveloppé de son manteau et la main sur son épée.

Le Cid fut un grand capitaine, mais la Chronique, irritée contre les rois de Castille qui déniaient à Burgos ses privilèges, a été injuste envers Alphonse VI, « le vaillant » et le grand chrétien. Le roi était digne d'avoir de tels capitaines, et il leur laissa le champ libre pour combattre l'ennemi commun.

Un ancien chroniqueur donne bien la physionomie de ces temps troublés, « alors que la lutte contre les Maures était dans toute son horreur, alors que tous les rois, les comtes, les nobles et tous les chevaliers avaient l'écurie de leurs chevaux dans la chambre où ils dormaient avec leurs femmes, afin que, s'ils entendaient le cri de guerre, ils pussent trouver bêtes et armes sous la main, et aller chevaucher sur le champ. »

Ils avaient un redoutable adversaire dans le Hadschib Al Manzor, qui en plus d'une rencontre fut redoutable aux chrétiens [2]. Il s'était emparé de Barcelone. Le Cid eut été digne de se mesurer avec lui, mais venu plus tard, il répara au moins les pertes qu'Al Manzor avait causées aux chrétiens. Le second musulman de ce nom était sultan du Maroc, et fut défait par Alphonse VIII, en 1158. Mais le troisième Al Manzor, fils de ce dernier, sultan de tout le Maghreb-el-Aksa, après avoir pris Tlemcen et Tunis, fut le plus redoutable aux Espagnols ; il remporta la grande victoire d'Alarcos, en Castille.

Les Almoravides et les Almohades soutinrent la puissance mauresque, et arrêtèrent pour un temps les progrès des chrétiens.

Alphonse IX, roi de Léon et de Castille, avait jusque-là reconquis sur ses voisins ce que ceux-ci lui avaient enlevé pendant sa jeunesse. La défaite d'Alarcos le rendit impuissant pendant quel-

[1] Ozanam, *Le pèlerinage au pays de Cid*, III, p. 28.

[2] Il fit, dit-on, porter à Cordoue sur les épaules des chrétiens les cloches de Compostelle.

que temps. Mais il eut sa revanche, l'an 1212, à la bataille de Tolosa, où les Sarrasins perdirent, dit-on, 50.000 hommes. Sa vie fut employée à défendre son royaume, tantôt contre ses voisins, tantôt contre les Maures. Il ne profita peut-être pas assez de ses succès, mais il laissa cependant à sa mort, en 1214, la Castille plus grande et plus forte. On l'a appelé *le noble* et *le bon* ; il eut en outre le souci de faire naître parmi ses sujets le goût des sciences. Il avait préparé les triomphes de son fils.

Son fils Ferdinand III (saint Ferdinand) n'arriva au trône qu'à l'abdication de sa mère Bérangère, qui, pendant sa régence, prépara un grand roi à l'Espagne. Il n'avait que 25 ans lorsqu'il commença à faire la guerre aux Maures. Il leur prit Baeza et Useda, en Andalousie. Pendant dix ans, il prépara chaque année une expédition nouvelle jusqu'au dernier coup qu'il voulait leur porter au centre de leur puissance. Enfin, en 1236, après Jaën et les autres villes qu l'entouraient, Cordoue tomba en son pouvoir.

Le roi chrétien entra en conquérant dans la capitale des Maures, et pénétra dans le palais d'Abdérame. On dit que Cordoue comptait alors 300.000 habitants. Ferdinand fit une église de la grande mosquée, qui conserva seulement le nom de *La Mesquita*. Ce fut l'archevêque de Tolède, Raymond, qui la consacra. Elle existe encore de nos jours.

La *Mesquita* est bâtie sur un terrain inégal ; aussi du côté du midi on y monte par un escalier de 30 degrés, tandis que du côté du nord un autre escalier de 13 degrés y descend. Cette façade du nord est très ornementée et ornée de six colonnes de jaspe d'une rare beauté. Une immense cour, devant l'entrée du midi, est plantée de citronniers, d'orangers, de cyprès, de palmiers. L'enceinte est formée sur trois côtés d'un beau portique ; aussi cette cour apparaît au travers des colonnes comme un jardin suspendu, supportée qu'elle est par une vaste citerne dont la voûte repose sur des colonnes.

Les cloches de Compostelle, apportées sur les épaules des chrétiens, furent reportées sur les épaules des Maures vaincus. C'était de justes représailles.

Par cette conquête de Cordoue, les terres qui restaient aux Maures se trouvèrent séparées et formèrent, d'un côté, Séville, Xérès et un lambeau de puissance ; de l'autre, les royaumes de Murcie et de Grenade. L'émir Muhamed Aben Alamar, à Grenade, se déclara tributaire de Ferdinand. Le royaume de Murcie fut conquis par Jacques d'Aragon, l'allié de Ferdinand.

Le roi de Castille se tourna vers Séville ; il employa deux ans à faire des préparatifs pour s'en emparer. Une flotte fut construite et placée à l'embouchure du Guadalquivir, pour arrêter tous les convois et les secours qui pouvaient venir d'Afrique. Réduite à la famine, Séville se rendit après une opiniâtre résistance. Le dernier coup fut pour les Maures la rupture d'une énorme chaîne de fer qu'ils avaient tendue à travers le fleuve au-dessous de la ville. Un vent violent poussa dessus un des navires qui la rompit et renversa plus loin un pont de bois qui mettait en communication les deux rives. Alphonse, à Séville comme à Cordoue, fit changer l'église et consacrer la mosquée, et en fit la cathédrale de l'Archevêque. C'était un tribut de reconnaissance qu'il payait à saint Isidore qui lui était apparu et l'avait encouragé à faire le siège de Séville. Alphonse releva les autres églises détruites et les monastères de l'ancienne capitale de la Bétique, où il fixa sa résidence.

De là, il continua la lutte contre les Maures, et leur prit bientôt Xérès et tout le territoire qui s'étendait jusqu'aux Algarves et au royaume de Portugal.

Ferdinand fut un grand roi non seulement par ses conquêtes, mais par ses lois. L'état permanent de lutte avait enorgueilli les grands qui opprimaient les faibles, multiplié les vols et les brigandages. Il établit le conseil de Castille pour l'aider, et des lois firent rendre la justice aux petits et aux opprimés. Il les ajouta à celles de ses prédécesseurs, et en forma un *Code* qui porte son nom. Ferdinand fut un roi catholique : sa piété, sa vie austère et exemplaire, sa magnificence pour tout ce qui regardait le culte de Dieu lui valut le titre de saint. Il fut pour l'Espagne ce que saint Louis fut pour la France. Il allait passer en Afrique, quand la mort le frappa.

En même temps que la conquête territoriale, une restauration littéraire se faisait sous les pas des conquérants. Le mouvement scientifique sorti de l'école de Cluny se propageait en Espagne. Les écoles espagnoles de Saint-Germain d'Astorga, de Saint-Pierre de Bisuldun, de Sainte-Marie de Taxo, de Saint-Michel de Cusan et autres monastères, rivalisaient avec les plus brillantes écoles de la France et de l'Allemagne [1].

Saint Grégoire VII comparait à Cluny le monastère de Sahagun, rétabli par le roi Alphonse. Saint-Benoît de Valladolid fut détruit par un prince chrétien Henri, dans sa lutte avec Pierre ; il fut restauré en 1390 par les soins de celui de Sahagun et en dépendit jusqu'en 1425. Il devait devenir le plus célèbre de tous et un foyer de lumières pour l'Espagne.

Ce fut l'époque où s'introduisirent dans les pays du nord des coutumes locales, motivées par les droits féodaux et connues sous le nom de *fueros* (*forum judicum*). Le midi de la France, le Béarn, le Bigorre appellent ces coutumes *fors*. Les Espagnols y sont restés très attachés jusqu'à nos jours.

[1] Mabillon, *Annales O. S. B.*, LV ; And. Favyn, *Hist. de Navarre* ; De Ferreras, *Hist. gén. d'Espagne*, part. V ; Desjardins, *Etude relig.* ; mars 1872.

XII

LES AUTRES ROYAUMES D'ESPAGNE

La Castille était à l'avant-garde des armées chrétiennes qui luttaient contre les Maures; mais à droite et à gauche les rois du Portugal et d'Aragon avaient aussi à combattre pour leur sécurité.

Il n'y eut malheureusement pas, entre les Etats chrétiens, entente pour unir leurs efforts; au contraire, ils furent très souvent en rivalité. Le royaume des Asturies, réuni à celui de Léon, et celui de Galice qui ne fut plus qu'un apanage, avaient été englobés dans le royaume de Castille.

Celui de Navarre, qui devait sa formation aux Francs de Pépin le Bref et de Charlemagne (778), se révolta contre Louis le Débonnaire, et secoua le joug en 831. Aznar et ses deux premiers descendants prirent seulement le titre de Comtes de Navarre. Mais Garcias Ximenès prit, en 880, le titre de roi. Ce titre fut parfois uni à celui du roi de Castille, donné souvent à un frère ou à un fils. Plus tard, les rois d'Aragon le portèrent. Bientôt après eux, un mariage donna ce titre aux comtes de Champagne, puis aux rois de France. Chacun se disputait cette royauté. Un jour vint enfin qu'un demi-roi de Navarre, notre Henri IV, monta sur le trône de France.

Le *Portugal* s'aggrandit aux dépens des Maures. Henri de Bourgogne reçut du roi de Castille et de Léon, avec la main de sa fille Thérèse, le titre de Comte pour les terres qu'il avait conquises en Lusitanie. Porto en était une des principales villes et lui donna son nom. Le fils de Henri, Alphonse, soutint vaillamment la lutte contre les émirs Maures. Cinq de ces émirs que les chroniques appellent rois furent défaits par lui en 1139, à Ourique, près du Tage, et son armée enthousiasmée le proclama roi. Alphonse assembla ses troupes à Lamégo et porta une loi par laquelle les étrangers devaient être exclus de la couronne. Par là le Portugal se maintint isolé, mais aussi à l'abri des revendications qui troublaient sans cesse la succession des autres rois d'Espagne. Le pape Alexandre III confirma son titre de roi, qu'Alphonse sut défendre contre Alphonse VII de Castille. Il eut aussi à lutter pour la ville de Badajoz avec Ferdinand II de Léon.

En 1147, il réussit, après un siège de cinq mois, à s'emparer de l'ancienne Ulyssipona, qui devint sa capitale. Il fonda autour trois monastères, ceux de Coïmbre, d'Alcobace et de Saint-Vincent, l'entourant ainsi d'un rempart de prières et de foyers de science. C'est à Coïmbre qu'il mourut, en 1185, après 73 ans d'un règne fécond qui constitua l'unité de son royaume.

Le Portugal, fondé par des princes français, conserva dans ses mœurs et dans la langue même un caractère propre [1].

Après Sanche I, Alphonse II, *le Gros*, reprit victorieusement la lutte contre les Maures, seul plusieurs fois et un jour secondé par une troupe de Croisés partant pour la Terre sainte et que les vents avaient poussés à Lisbonne. Ce fut à la journée de Al Cazar do Sol. Alphonse II fit rédiger un code de lois pour son royaume.

Alphonse III, son fils, succéda à son frère Sanche II en 1248. Il acheva la conquête du Portugal, en enlevant aux Maures le royaume des Algarves. Il ne manqua à ses devoirs qu'en s'attaquant aux immunités de l'Eglise. Son fils, Denys, suivit d'abord ces errements, puis, dans une réunion des Cortès de son royaume, les rétablit.

Denys était un prince lettré. Il fonda, en 1290, l'université de Lisbonne, puis, en 1308, la transféra à Coïmbre en l'enrichissant de privilèges qui bientôt y attirèrent de nombreux savants. Là se

[1] Le Portuguais a comme le Français des nasales dans ses désinences; l'écriture ne les marque pas de la même manière, mais la prononciation est presque identique.

constitua définitivement la langue portugaise. Il répara les villes ruinées par les guerres, les embellit, et il en fonda une nouvelle à Montréal. C'est à lui qu'on doit l'ordre du Christ, qui obtint les biens des Templiers dans ses Etats.

Son règne fut attristé par la révolte de son fils Alphonse, et la réconciliation ne se fit que par l'intervention de sainte Elisabeth de Portugal, fille des rois d'Aragon et petite nièce de sainte Elisabeth de Hongrie. Elle fut la providence de son règne et de celui de son fils. On a appelé cette sainte « la pacificatrice des rois » et le nom lui convient ; sa naissance même avait rétabli la paix dans le royaume d'Aragon. C'était le plus grand bienfait pour ces rois batailleurs et leurs peuples.

Alphonse IV, surnommé « le Brave », après avoir été réconcilié par sa mère avec le roi de Castille, marcha avec lui contre les Maures d'Andalousie, unis aux Maures d Afrique. Les musulmans furent complètement défaits à la bataille de Tariffa (1340). L'assassinat d'Iñès de Castro, sa bru, vint assombrir la fin de son règne.

L'*Aragon*, comme la Navarre, doit aux Francs de Pépin le Bref et Charlemagne ses premiers éléments de résistance. La marche d'Espagne et le comté de Barcelone furent longtemps unis au royaume des Francs. Nous avons parlé du comte Borel qui ramena Gerbert en Espagne. Les premiers rois d'Aragon furent Ramire, son fils Sanche et Pierre.

Il faut arriver à Alphonse « le Batailleur » pour voir l'Aragon s'étendre. Alphonse avait perdu son temps d'abord à batailler contre la Castille et la reine Urraque. Enfin il tourna ses armes contre les Maures, et prit Sarragosse en 1118. De là, il se dirigea sur le royaume de Valence et celui de Murcie. Pendant qu'il assiégeait Frega, il fut attaqué par une armée musulmane de secours, fut blessé et vit son armée écrasée. En mourant, dix jours après, au monastère de Saint-Jean de la Peña, il laissait un royaume dont il avait doublé l'étendue.

Après Ramire II qui régna peu de temps, l'Aragon arriva aux mains de Raymond, comte de Barcelone. Son fils Raymond, qui prit le nom d'Alphonse II, tourna ses armes d'un autre côté, s'empara de la Provence, puis du Roussillon. Enfin, après Pierre le Catholique, la lutte fut reprise contre les Maures.

Jacques I « le Guerrier », après avoir châtié les grands de son royaume qui avaient abusé de sa jeunesse pour se soustraire à l'autorité royale, s'empara du royaume de Valence et mourut dans cette ville après un règne glorieux, en 1276.

Là devaient se borner les conquêtes de l'Aragon du côté des Maures. Pierre III tourna son désir d'agrandissement du côté de la Navarre, puis de la Sicile, ainsi que son fils Jacques II, qui affermit le pouvoir de l'Aragon en Espagne et fut un grand roi par son courage, son équité et sa modération. Il ne fut pas heureux du côté des Maures. La Murcie lui échappa.

Il faut laisser de côté ses successeurs qui faillirent à la tâche de combattre les Maures sans merci, absorbés qu'ils étaient par d'autres soucis de plaisirs ou d'ambition, et arriver à Ferdinand V « le Catholique », dont le règne glorieux ouvrit une ère nouvelle pour l'Espagne.

La lutte contre les Maures suscita en Catalogne des dévouements qui rendirent les plus grands services. Je veux parler des fondateurs de l'ordre de la Merced, ordre créé pour le rachat des prisonniers chrétiens faits par les Maures.

Cet ordre fut fondé sous le règne de Jacques I, roi d'Aragon, par ses soins et ceux de saint Raymond de Peñafort et de saint Pierre Nolasque.

Raymond était né à Barcelone de la grande famille des Peñafort et avait professé les humanités dans sa patrie. De là, il était parti pour Bologne, où il étudia le droit et le professa lui-même. Ramené en Espagne par Béranger, évêque de Barcelone, il reçut un canonicat et se fit admirer par sa piété envers la Sainte Vierge. Entré à 45 ans dans l'Ordre de Saint-Dominique, il se distingua par ses vertus et sa compassion pour ses compatriotes prisonniers des Maures. Ce fut alors qu'à la suite d'une apparition de la Sainte Vierge, saint Pierre Nolasque, saint Raymond et le roi s'entretinrent du projet de fonder un ordre pour le rachat des captifs sous le titre de N^a S. de la Merced (*Beatæ Mariæ* de Mercede). Raymond en donna les

Règles, le genre de vie, et lui-même, après l'approbation du pape Grégoire IX, revêtit de l'habit religieux Pierre Nolasque qui en fut le premier supérieur général [1].

Raymond ne quitta pas l'ordre de Saint-Dominique, dont il devait devenir supérieur général. Jacques I lui confia la direction de l'Inquisition, œuvre éminemment utile alors et qui le serait restée, si plus tard le pouvoir civil n'en avait pas abusé. Il mourut centenaire, après avoir bien mérité de sa patrie et de l'Eglise [2].

Un autre Raymond, surnommé Nonnat et né à Portell en Catalogne, d'une noble famille, fut appelé peu après, par la Sainte Vierge elle-même, dans l'ordre de la Merced. Rempli de zèle, il fut bientôt envoyé en Afrique pour traiter du rachat des prisonniers. Il en avait déjà délivré un grand nombre avec les sommes qu'on lui avait confiées, mais d'autres restaient encore. Craignant pour eux le péril de l'apostasie, il obtint leur délivrance, à condition que lui-même restât gage entre les mains des Maures.

Ne pouvant contenir son zèle, il se mit à prêcher les musulmans, dont un bon nombre se convertit. Jeté en prison, Raymond, que ni menace ni supplice ne pouvait faire taire, se vit percer les lèvres qu'on ferma avec un cadenas pour obtenir son silence.

Quand on l'eut délivré et appris ce qu'il avait fait pendant sa captivité, ce fut de toutes parts un cri d'admiration. Grégoire IX voulut le créer cardinal ; mais l'humble religieux refusa cet honneur et mourut bientôt à Cardona (1240).

Cet ordre de la Merced, qui a un but analogue à celui des Trinitaires, créé en France, s'est exercé surtout au profit des captifs espagnols, et il a rendu les plus grands services pendant les longues années qui restaient encore pour la domination musulmane. Com-

[1] Saint Pierre Nolasque resta laïc. On retrouva, en 1788, à Barcelone, son corps, à une grande profondeur sous terre, en habit de cavalier, avec sa cuirasse et sa longue épée. On dit qu'il avait délivré plus de 400 prisonniers dans le royaume de Valence et de Grenade.

[2] Saint Raymond de Peñafort fonda des écoles à Murcie et à Tunis pour faire connaître aux chrétiens la littérature arabe. Il est le créateur du *Corpus* du droit canon.

posé de prêtres et de chevaliers, comme les autres ordres militaires, il étendit longtemps ses conquêtes pacifiques pour arracher à la captivité des Maures les prisonniers chrétiens. Mais sa grande activité reçut un coup fatal pour son extension, lorsque Clément V, puis Jean XXII défendirent que le généralat fût confié à d'autres qu'à un prêtre. Les chevaliers quittèrent l'ordre pour passer dans d'autres ordres militaires.

Les ordres militaires d'Espagne, outre celui du Christ, dont j'ai parlé plus haut, furent ceux de Calatrava, d'Alcantara, de Saint-Jacques de Compostelle, d'Avis et de l'Aile (ou de Saint-Michel). Ils rendirent de grands services dans les guerres contre les Maures; c'étaient des troupes de choix, toujours en armes, au service des rois d'Espagne et de Portugal.

XIII

LE PEUPLE ESPAGNOL ET SA LANGUE

Jusqu'à l'invasion arabe, les peuples différents qui s'étaient fixés dans la péninsule avaient conservé, sinon leur langue, au moins leur caractère bien tranché. Les Romains ne s'étaient assimilés d'une manière complète que les peuples de la Bétique.

Parmi tous ces peuples, les Wisigoths étaient peut-être ceux qui avaient le moins conservé leur autonomie par le fait même que, maîtres de toute l'Espagne, ils s'étaient répandus partout. Dans la Bétique surtout, ils s'étaient latinisés, ne conservant plus pour les faire reconnaître que leurs noms devenus plus ou moins latins.

Les Suèves étaient restés cantonnés dans le haut Portugal et dans la Galice; les Cantabres, dans les montagnes de la Cantabrie, au nord de l'Espagne ; les Basques, dans les montagnes des Pyrénées occidentales; les Celtibères, de la Méditerranée, depuis Tarragone, jusqu'au pays des Suèves; les colonies phocéennes de la Côte avaient reçu des appoints successifs venus de Rome et de Bysance.

L'invasion des Maures bouleversa cet ordre en rejetant au nord tout ce qui avait pu fuir à temps. Romains, Wisigoths se réfugièrent dans la Cantabrie, pour redescendre ensemble, à mesure que les Maures reculèrent, vers la Castille, la vieille Castille d'abord, puis la nouvelle.

Le pays Basque ne fut pas entamé. Jamais les Arabes ne s'avancèrent au delà de Pamplune pour s'y fixer.

La Navarre et l'Aragon reçurent des appoints très considérables du midi de la France, par suite des expéditions de Pépin le Bref et de Charlemagne [1]. La Catalogne surtout, restée plus longtemps française, s'assimila par les mœurs et la langue aux populations du midi de la France ; on y parla la langue d'oc.

Le pays des Suèves reçut avec Henri de Bourgogne des soldats venus de ce pays dont la langue exerça une influence sur leur langue. Le portugais se forma assez différent du langage du reste de la Péninsule.

Le latin dominait à l'arrivée des Arabes, et il continua à rester la langue de tous, excepté des Basques jusqu'au VIIIe siècle. Mais dès le Ve, il commençait à subir des altérations, venant surtout de la prononciation des mots restés latins.

Ainsi le *D* à la fin des mots devenait un *T*, et les peuples d'Espagne prononçaient *aput*, *set*, *repperit*. L'emploi de consonnes non assimilées créait aussi des différences. On prononçait : *Conmendavit*, *conmuni*, *inlustris*. On omettait *m* et *s* finales : *Dece*, *minu*, *felici*, surtout au génitif ; les lettres aspirées au commencement des mots *abere*, *onor* ; et même entre les voyelles : *traens*, *catolicos*, *cristi*. Le *B* remplaçait le *V* ; on disait *Bivit*, *brebe*, *cibitate* ; le *D* pour le *B* : *Sud die* ; pour le *T* : *Floread*. Le *F* remplaçait le *PH* et le *V* : *Cefalius*, *pontivicatus*. Le *G* remplaçait le *C* : *Eglesie*.

Les voyelles étaient encore plus souvent permutées. L'*A* pour *E*, pour *Au* : *Consacrata*, *agustas*. Le *E* pour *Ae*, pour *A*, pour *I*, pour *O* : *Celestis*, *Edificium*, *insidies*, *baselica*, *genetor*, *ceptum*. Le *I* pour *Y*, pour *E* : *Ermenggeldi*, *Ceprianus*. Le *I* avant les consonnes était ajouté : *Ispiritum* [2].

On voit par là que même en se servant de mots latins, les Espagnols d'alors avaient fait un grand pas vers l'espagnol moderne. On avait déjà une propension qui s'est accentuée à faire sentir les den-

[1] Il résulte de la guerre de Navarre (1276-1277) de Guillaume Analier, publiée par Francisque Michel, que la Navarre à cette époque était presque française. La Chronique de Navarre, du prince de Viana, dit que Saint-Cernin de Pamplune se composait d'habitants de Cahors chassés par Philippe III (1373).

[2] V. HÜBNER, *Inscript. hisp. christ.* Préface, p. XII, XIII.

tales et les sifflantes, et les zetacismes apparaissaient dans la langue latine.

Les noms propres se transformaient. *Hispania* était devenu *Spania*, en attendant l'abbréviation de *ni* en ñ et l'adjonction de l'*e* au début du mot : *España*.

Cæsaraugusta devenait *Cæsaragosta*, d'où *Saragossa*.

Corduba, devenait *Cordoba*, en attendant qu'il devint *Cordova*.

Vivatia devenait *Biatia*, *Biacia*, pour arriver à devenir *Baëza*.

Pax Augusta se contractait pour devenir un jour *Badajos*, et *Pax*, *Beja*.

Asturica passait par *Astorica* pour devenir *Astorga* ; *Septa*, *seuta*, *ceuta*.

Calagurris passait à *Calagorris* pour devenir *Calahorra* ; *Conimbria* à *Coïmbria*.

Rudericus, devenait *Rodericus* ; de là *Rodrigo* ; *Dominicus*, *Domingo* ; *Sanctus*, *sanccius*, *sanchez*.

Je n'énumère pas un plus grand nombre de mots. On voit que les permutations de consonnes et de voyelles posaient le principe qui, dans le cours des siècles, devait transformer complètement la langue, et la faire passer du latin au castillan.

Dès le temps de saint Isidore, ce docteur, dans son ouvrage *De differentiis verborum*, signalait des mots qui, par suite de ces changements de prononciation, n'avaient plus le sens des mots latins écrits de la même manière.

Dès lors, on confondait *arrogans*, orgueilleux, qu'on prononçait *abrogans*, qui supplie ; *austrum*, un des vents, qu'on prononçait *ostrum*, pourpre : *crassum*, gras, *grassum*, qui sévit ; *favor*, faveur, *favum*, rayon de miel, etc.

Il est très curieux de voir la confirmation de ces remarques sur la transformation du latin dans un privilège accordé par l'émir de Coïmbre Al Boucem (?) et qui fut conservé dans un monastère près de Coïmbre.

« Ego ordinavi quod Christiani habeant in Colimb suum comitem, et in Guadatha alium comitem de sua gente, qui *manteneat* eos in bono *juzgo* secundum solent homines christiani. Et isti component rixas inter illos, et non *matabunt* (du latin *mactare*, espagnol *matar*) hominem sine jussu *de Alcaïde* (esp. *ālcade*) en *alvacile* (est-ce de ce mot arabe qu'est venu *alguazil* ?) saracena ; sed ponent illum *a pres* de alcaide, et monstrabunt suos juzgos, et ille *dicebit* : Bene est. Et matabunt *culpatum*. In *populationibus* parvis ponent suos judices, qui regant eos bene et sine rixa. »

La déformation du latin et l'introduction de mots arabes furent l'acheminement à la langue castillane même dans le nord. Ahenart (*Notitia utriusque Vasconiæ*, t. II, c. 6) dit que dans la Navarre les princes chrétiens laissèrent aux juges le nom d'alcades ; et Vitalis, évêque d'Huesca, dit de même : « In quibusdam locis judices, in quibusdan *alcaydi* dicti justitiæ nuncupantur ».

Mais ce n'est pas aux Arabes qu'il faut s'en prendre pour la déformation du latin. C'est plutôt aux Wisigoths, comme le montre l'ouvrage de saint Isidore que nous avons cité.

Les Wisigoths sans doute en adoptant le latin lui firent subir ces transformations, puisqu'elles apparaissent avec leur domination. L'apport des Wisigoths pour la formation de la langue castillane a été infime pour les mots qu'ils ont fait adopter ; ce sont pour la plupart des noms propres : Rodericus, Hildephonsus, etc. [1]. Mais il a été énorme pour la transformation de la langue par la prononciation, et par les mots latins qu'ils ont déformés.

Les musulmans, nous l'avons vu déjà, ont transformé beaucoup de noms de villes. Outre Séville (Ischbiliya, de Hispalis), les noms des fleuves précédés de *Oued*, *guad*, ils ont introduit *Medina* : Medina Sidonia (pour Assidonia), Medina cœli. On leur doit les noms de villes en *Al* : *Almagro*, *Almaden*, *Albacete*, *Almansa*, *Alcaçar*, *Alcala*, etc. Sous l'influence de leur prononciation, Hildephonsus est devenu *Alfonsus*. Al-cadi, le juge, a donné l'*Alcade*.

Ils ont laissé aux Espagnols leurs aspirées : *J* et *X* ; mais surtout pour le fonds de la langue, des traces de leur style emphatique,

[1] De toutes les langues qui ont concouru à former le castillan, le gothique est celui qui a fourni le moins d'éléments. (Eug. Barret. *Rev. des soc. sav.*, 1863). Pour 100 mots espagnols, 60 sont latins, 18 grecs, 10 gothiques, 10 arabes, d'après le P. Sarmiento.

dont l'impression est très sensible dans la chronique d'Isidore de Béja, qui vivait dans un pays resté longtemps arabe. Naturellement cette influence s'est plus fait sentir dans le midi que dans le nord de la Péninsule, et l'Andalousie surtout en a gardé l'influence même de nos jours dans la prononciation du castillan, moins âpre que dans les pays du nord.

Il ne faudrait pas croire cependant que le latin disparut complètement. On parlait arabe, au xe siècle, et le peuple avait fini par ne plus se servir du latin, puisqu'il fallut faire tenir les registres en arabe. Mais n'existait-il pas une langue intermédiaire dont nous voyons tous les éléments se former dans l'*Anonyme* de Cordoue.

Il y a plus que des changements de voyelles ou de consonnes ; c'est la syntaxe même de la langue latine qui est atteinte, et qui prépare celle de la langue castillane.

Les cas des noms latins disparaissent déjà et l'accusatif domine, comme il dominera dans le castillan, avec l'ablatif. Les deux cas sont déjà employés l'un pour l'autre : *Gubernacula regni... plene accepta,* au lieu de l'ablatif absolu. *Peragente Ulit anno sexto*, au lieu de l'accusatif. *Absque scandala*, au lieu de l'ablatif.

La préposition *ab* est souvent construite avec l'accusatif et prend sa forme définitive si caractéristique en castillan *a*. L'Anonyme dit : *a quem christiani præstolabant*, comme les Espagnols disent actuellement : Yo amo a Dios.

Adclamare c'est presque l'espagnol *aclamar*, et le français *acclamer*. *Adgregare* suggère *agregar* et *aggréger*.

Adunare, rassembler, c'est *adunar*, — *animositas*, c'est *animositad* ; *armatus*, soldat, et *armada* ; et cent autres mots pareils qui n'étaient pas du latin classique et qui ont passé dans le castillan moderne.

Déjà nous trouvons dans Paul de Mérida le mot *merces* employé dans le sens du *merced* actuel : *Age illud quod mercedi tuæ proficiet* : *fais ce qui te sera utile.*

Taïon de Saragosse oppose *simpla* à *dupla*, dans le sens de *une* et *deux* : *simplam tuam duplæ nostræ contulit*. Dupla est resté en castillan pour une portion double.

Le latin des chroniqueurs mériterait d'être étudié à ce point de vue. S'il paraît si barbare, c'est que les mots avaient déjà perdu de leur signification primitive, que des mots nouveaux étaient créés et surtout que la syntaxe des prépositions et des verbes était bouleversée. Ces écrivains parlaient la langue de leur temps ; le vêtement était encore latin, mais l'âme était déjà différente.

A la fin du chapitre VI, nous avons donné une épitaphe rimée, comme le style des chroniqueurs, qui fait pressentir celui des *romanceros*. Isidore de Béja surtout se plaît à ces assonances :

« Sed ubi rebellionem maurorum per episto*las*, ab Africo mis*sas*, subito lecti*tat*, sine mora quanta protuit velocitate Cordubam repe*dat*, transduti*vis* promonto*riis* sese recep*tat*. »

On peut saisir le passage de la langue latine au castillan dans la *Légende du comte Fernan Gonzalez*, qui est de la deuxième moitié du XIIIe siècle :

> Venieron estos Godos de parte de Oryente.
> Jesu Christo les embyo, esto sin fallimiente ;
> Del linaie de Gog vin aquesta gente.

« Tant qu'une langue subsiste, a bien dit un écrivain, il ne faut pas désespérer de la patrie [1]. » La civilisation romaine, aidée par l'Eglise qui avait adopté la langue de Rome, avait formé la patrie espagnole et lui avait donné une force de résistance invincible. Les Wisigoths avaient passé, sans entamer notablement cette civilisation. On peut dire plutôt qu'ils furent les vaincus. Il en fut autant des Maures [2]. Il a manqué aux uns et aux autres de pouvoir imposer leur langue et, par suite, leurs idées. Les Maures l'ont essayé en vain.

« Tous les conquérants l'ont bien su qui n'ont rien eu plus à cœur, en tout temps, et partout où la force a fondé leur empire, que d'interdire aux populations qu'ils s'étaient « annexées » l'usage de la langue maternelle. Mais, inversement, les populations ne l'ont pas moins bien su, elles aussi, qui n'ont pas cru, qu'aussi longtemps qu'ils demeureraient fidèles à cette même langue, rien

[1] Ozanam, *La civilisation au Ve siècle*.

[2] Séville et ses alentours se soumit pleinement à l'usage de l'arabe, comme nous l'avons vu.

ne fût encore désespéré. C'est qu'en effet parler la même langue, c'est nécessairement penser, c'est associer ou combiner ses idées de la même manière, c'est sentir ensemble, c'est éprouver les mêmes impressions, les mêmes choses, et là sans doute est la raison du culte que tous les grands peuples ont professé pour leur littérature [3] ».

Cette pensée pleine de vigueur semble convenir au peuple espagnol plus qu'à un autre. L'Italie même n'a pas gardé la forme latine avec autant de soin. L'Espagne a conservé dans sa langue une partie de sa force. Mais la force la plus grande, elle la gardait dans ses idées, dont sa langue s'était imprégnée, dans les idées chrétiennes surtout qui la rendirent inébranlable dans une lutte de plus de cinq siècles.

[3] Brunetière, *L'idée de patrie*. Marseille, 1896.

BIBLIOTHÈQUE NATIONALE RF IMPRIMÉS

TABLE DES MATIÈRES

Saint-Amand (Cher). — Imprimerie BUSSIÈRE.

www.ingramcontent.com/pod-product-compliance
Ingram Content Group UK Ltd.
Pitfield, Milton Keynes, MK11 3LW, UK
UKHW022108190726
13855UKWH00002B/726

9 782013 067812